Michael Wittschier

GESPRÄCHSSCHLÜSSEL PHILOSOPHIE

30 Moderationsmodule mit Beispielen

Patmos

Abbildungsverzeichnis

20.1: Michael Wittschier, Wipperfürth; **20.2:** Tom Stoddart/Getty Images; **20.3:** aus: Sempé Für Gartenfreunde. Copyright der deutschsprachigen Ausgabe © 2006 Diogenes Verlag AG Zürich; **20.4:** Artothek/Gnamm - **21:** MichaelWittschier, Wipperfürth - **22:** Galerie Ulysses, Wien - **25.1:** Bridgeman; **25.2+3:** Interfoto/Mary Evans; **25.4:** Ullstein Bild; **25.5:** SZ-Photo/ H. Tappe; **25.6:** Interfoto/Blackpool - **29:** Getty Images-**35.1:** Schneider-Press/Erwin Schneider; **35.2:** interTopics/W. J. Mehl - **48, 49:** iStockphoto-**52:** Mauritius Images/ © Morgan Art Foundation/ARS, New York/VG Bild-Kunst, Bonn 2015 - **82:** Laif/Contrasto/Ausili - **83:** Getty Images - **98:** Stiftung Museum Schloss Moyland/Foto: Ernst Nanninga/© VG Bild-Kunst, Bonn 2015 - **102:** Patmos-Archiv - **106:** Ullstein Bild-AP - **108, 119:** iStockphoto - **136:** Getty Images - **137:** Jules Stauber - **139:** akg-images.

Gesprächsschlüssel Philosophie
30 Moderationsmodule mit Beispielen

erarbeitet von Michael Wittschier

Redaktion: Berthold Frinken
Umschlaggestaltung: MT-Vreden, Vreden
Layout und technische Umsetzung: Rainer Moers, Viersen

www.cornelsen.de

1. Auflage, 7. Druck 2025

Alle Drucke dieser Auflage sind inhaltlich unverändert
und können im Unterricht nebeneinander verwendet werden.

Druck: H. Heenemann, Berlin

ISBN 978-3-7627-0457-7

PEFC
PEFC/04-31-1156

PEFC-zertifiziert
Dieses Produkt stammt aus nachhaltig bewirtschafteten Wäldern
www.pefc.de

Das Gespräch ist, meiner Ansicht nach,
die lohnendste und natürlichste Übung unseres Geistes:
Keine andere Lebensbetätigung macht mir so viel Freude.
Michel de Montaigne, Essais

Jede Schlacht ist gewonnen, bevor sie geführt wird.
Sun Tzu, Die Kunst des Krieges

Damit aus dem Unterrichtsgespräch im Fach Philosophie/Ethik für jeden Schüler ein lebendiger, überschaubarer und ertragreicher Denkprozess wird, braucht man eine philosophiedidaktisch sinnvolle Stundenarchitektur und erlernbare Methoden zur Gestaltung von begeisternden Kommunikationssituationen.

Der ›Gesprächsschlüssel‹ versammelt dafür – lernphasenspezifisch zugeordnet – verschiedene, bewährte Moderationsmodule und dokumentiert ihre Praxistauglichkeit mit Hilfe konkreter Beispiele. Er versteht sich zugleich als sinnvolle Ergänzung zum bereits vorliegenden ›Textschlüssel Philosophie‹.[1]

Grundlage für diesen Gesprächs-›Fahrplan‹ ist das von Rolf Sistermann entwickelte ›Bonbon‹-Modell[2] zur Strukturierung von Lernprozessen im Fach Philosophie auf der Grundlage der (an entscheidender Stelle modifizierten) lernpsychologischen Erkenntnisse von Heinrich Roth[3]. Wie die folgende Synopse zeigt, erfüllt es zugleich die Anforderungen des sokratisch geprägten Methodenparadigmas von Ekkehard Martens[4].

Im Gegensatz zur sogenannten ›Osterhasendidaktik‹[5], bei der der Unterrichtende[6] seine Schüler mit Hilfe von Leit[7]- bzw. Suggestivfragen auf die Suche nach den ›versteckten Wissenseiern‹ schickt, haben die Schüler beim ›Bonbon‹-Stundenmodell zunächst einmal »die Möglichkeit, in einer selbstgesteuert intuitiven Problemlösungsphase eigene Antworten zu finden, die in der anschließenden angeleitet kontrollierten Problemlösungsphase mit den Antworten des Textes verglichen werden können. Sie können auf diese Weise wesentlich leichter ein Verständnis des Textes oder des sonstigen Arbeitsmediums entwickeln, den Wert der dort gegebenen Antworten ermessen und kritisch dazu Stellung nehmen.«[8]

Das im Sinne des ›Tua-res-agitur‹-Prinzips[9] entwickelte ›Bonbon‹-Modell macht auch die in der Philosophiedidaktik über viele Jahre kontrovers geführte Debatte überflüssig, ob die Schüler im Philosophieunterricht (eher) Gedanken oder denken lernen sollen.[10] Beides lässt sich durch das Phasierungsmodell von Rolf Sistermann sinnvoll miteinander verbinden, allerdings nur in der vorgegebenen Reihenfolge: ›intuitive Problemlösung‹ → ›kontrollierte Problemlösung‹ und mit Hilfe einer klar formulierten Problemstellung (→ 2.1). »Der Lernprozess braucht nicht mit dem Ablauf einer Unterrichtsstunde identisch zu sein, sondern kann sich auch schon einmal über mehrere Unterrichtsstunden hinziehen oder kann in einer Stunde mehrmals stattfinden.«[11]

Alle hier vorgestellten Methoden für das Unterrichtsgespräch sind auch von Berufsanfängern problemlos in die Praxis umsetzbar. In Verbindung mit dem klar strukturierten Bonbonmodell erleichtern sie nicht nur die Stundenplanung, sondern sorgen auch in der Durchführung für die nötige Transparenz und Sicherheit.

Grundsätzlich sollte man sich, wenn es um das Unterrichtsgespräch geht, stofflich nicht zu viel[12] vornehmen. Schule heißt wörtlich übersetzt ›Muße‹ – und die braucht man für das Philosophieren im Überfluss.

Ich danke meiner Tochter Julia Wittschier für ihre wertvollen Anregungen und wünsche allen Kollegen viel Erfolg und Freude bei der Arbeit mit dem ›Gesprächsschlüssel‹.

Wipperfürth, im Herbst 2011

Michael Wittschier

---

1 Michael Wittschier, Textschlüssel Philosophie. 30 Erschließungsmethoden mit Beispielen, bsv-Patmos, München 2010.

2 Rolf Sistermann, Unterrichten nach dem Bonbonmodell. Ein Musikvideo als Hinführung zur Reflexion über die Endlichkeit des Lebens (ab Klasse 8), in: ZDPE (Zeitschrift für Didaktik der Philosophie und Ethik), Siebert Verlag, Hannover, 4/2008, S. 299–305. »Die hier beschriebene Unterrichtseinheit ist nach einem Modell aufgebaut, das im Wechsel zwischen enggeführten und breit gestreuten Unterrichtsbeiträgen in der Form eines Bonbons dargestellt werden kann.« – S. 302.

3 Heinrich Roth, Pädagogische Psychologie des Lehrens und Lernens, 12. Auflage 1970, S. 208ff; die hier relevanten Lernschritte werden zitiert in: Hilbert Meyer, Unterrichtsmethoden I: Theorieband, Cornelsen Scriptor Verlag, Berlin 1987, S. 184–186. Auf den Unterschied zwischen Roth und Sistermann wird in der Synopse verwiesen.

4 Methodik des Ethik- und Philosophieunterrichts, Philosophieren als elementare Kulturtechnik, Siebert Verlag, Hannover 2003, S. 54 ff. (Methoden-Schlange); eine gute Zusammenfassung findet sich in: Volker Steenblock, Philosophische Bildung, Einführung in die Philosophiedidaktik und Handbuch: Praktische Philosophie, LIT Verlag, Münster-Hamburg-London 2002, S. 134–136.

5 Diethelm Wahl (Lernumgebungen erfolgreich gestalten. Vom trägen Wissen zum kompetenten Handeln, Klinkhardt Verlag, Bad Heilbrunn 2006, 2. erweiterte Auflage, S. 140) benutzt dafür den Begriff ›Osterhasenpädagogik‹.

6 Damit bezeichne ich auch im Folgenden geschlechtsneutral alle Lehrerinnen und Lehrer.

7 Dass mit dieser Methode auch die Gefahr des Sokratismus verknüpft ist, liegt auf der Hand.

8 Rolf Sistermann, ZDPE 4/2008, S. 302 – In 1.1 findet man eine Musterstunde nach dem Bonbonmodell.

9 Vgl. dazu: Michael Wittschier, Tua res agitur. Einige praxisnahe Überlegungen zur Motivation im Philosophieunterricht an der Schule, in: Handbuch des Philosophie-Unterrichts, hrsg. von Wulff D. Rehfus und Horst Becker, Schwann, Düsseldorf 1986, S. 342–351.

10 »Kurz, er [= der Schüler] soll nicht Gedanken, sondern denken lernen.« – Immanuel Kant, Nachricht von der Einrichtung seiner Vorlesungen in dem Winterhalbjahr von 1765–1766.

11 Rolf Sistermann, ZDPE 4/2008, S. 303.

12 Wer befürchtet, dass man mit dem Stoff schneller durch ist als geplant, kann mit dem Prinzip der didaktischen Reserve arbeiten oder die Schüler mit Hilfe des Evaluationsbogens (8.1) zu einem Rückblick einladen und/oder einen Eintrag ins philosophische Lerntagebuch machen lassen.

Bonbonmodell + Methodenschlange

Heinrich Roth	Rolf Sistermann	Ekkehard Martens		
Stufe der Motivation *»Zu jedem Lernen gehört ein Antrieb,*	**Hinführung**	phänomenologische Methode *Ich beobachte, wie jemand einem Bettler einen Euro schenkt.*		Differenziert und umfassend beschreiben, was ich selber wahrnehme und beobachte.
Stufe der Schwierigkeiten *ein widerstehendes Objekt als Aufgabe einer Lernsituation,*	**Problemstellung/ Fokussierung**	*Was ist das entscheidende Handlungsmotiv beim Mitleid?*	?	[Problemstellung klar und eindeutig formulieren.]
Stufe der Lösungen *eine Einsicht in einen geeigneten Arbeits- und Lösungsweg,*	**intuitive Problemlösung[1]/ selbst gesteuert**	spekulative[2] Methode *Ich vermute, dass er ein gutes Herz hat und deshalb dem Bettler in seiner Not helfen möchte.*		Phantasie und Zufälle zulassen und betrachten.
Stufe des Tun und Lassens *ein Tun, das diesen Weg als richtigen bestätigt findet,*	**kontrollierte Problemlösung/ angeleitet**	hermeneutische Methode *»So mancher meint ein gutes Herz zu haben und hat nur schwache Nerven.«* Marie Freifrau von Ebner-Eschenbach		Das eigene Vorverständnis bewusst machen sowie (nicht nur philosophische) Texte lesen.
Stufe des Behaltens und Einübens *ein Verfestigen des Gelernten …*	**Festigung/ Sicherung**	analytische Methode *»Mitleid kann auch Selbstmitleid sein. Wir helfen letztlich nur aus Angst vor einem schlechten Gewissen.«*		Die verwendeten zentralen Begriffe und Argumente hervorheben und prüfen.
Stufe des Bereitstellens, der Übertragung und der Integration des Gelernten *und ein Bereitstellen des Gelernten für künftige ähnliche Aufgaben und Situationen durch neue Bestätigungen und Bewährungen.«*	**Transfer/ Stellungnahme**	dialektische Methode *Mitgefühl als notwendige Voraussetzung für Mitleid ist nicht dasselbe wie Selbstmitleid. Ich kann nur dann Mitgefühl entwickeln, wenn ich selbst frei von Schmerzen bin. Es stellt sich nur noch die Frage, ob man Mitgefühl zur moralischen Pflicht machen kann.*		Ein (mündliches oder schriftliches) Dialogangebot wahrnehmen, auf Alternativen/ Dilemmata zuspitzen und abwägen.

1 Im Unterschied zu Roth unterscheidet Rolf Sistermann nicht nur zwischen Entwerfen und Ausführen der Lösungen, sondern zwischen den selbstständig-intuitiv und den angeleitet-kontrolliert gefundenen Lösungen.
2 Im Martens-Modell kommt die spekulative Methode erst ganz am Schluss zum Einsatz.

30 Moderationsmodule mit Beispielen

Frageformen + Impulse

Die im Folgenden aufgezählten Frageformen, Schüler aktivierenden Methoden und Interventionen bzw. Fehlformen der Lehrerfrage dienen (lediglich) dazu, noch einmal übersichtlich grundlegende, aus der Didaktik[1] bekannte Basisinformationen zum Unterrichtsgespräch in Erinnerung zu rufen.

Es schadet nichts, die Schüler aktivierenden Methoden und Interventionen im Unterricht (ablesbar) vor Augen zu haben.

Frageformen

	**Wissensfragen:** Sie fordern das Wiedergeben oder Wiedererkennen von bereits Gelerntem.[2]
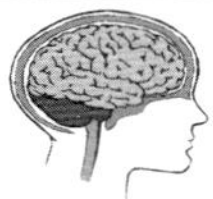	**Denkfragen:** Sie regen zum eigenständigen Denken an.[1] (Selbstredend wird bei Wissensfragen auch gedacht.)
	**Ablaufgerichtete Fragen:** Sie dienen zur Steuerung des Unterrichtsprozesses und zur Klärung des Unterrichtsablaufes.
	**Verständnisfragen:** Sie dienen der Feststellung, ob das Erarbeitete und Gelernte verstanden wurde oder nicht. Sie sind nicht trennscharf zu Denkfragen und Ablauffragen.
	**Gefühlsgerichtete Fragen:** Sie beziehen sich auf die affektive Dimension des Unterrichtsgegenstandes. Sie dürfen nicht vernachlässigt werden.
	**Konvergente und divergente/geschlossene und offene Fragen/ enge und weite Fragen:** Konvergente (geschlossene, enge) Fragen laufen innerhalb eines Weges auf eine **einzige** Lösung hin. Divergente (offene, weite) Fragen können über **verschiedene** Denkwege beantwortet werden und lassen verschiedene Lösungen zu. Sie regen zum Entdecken an und sind kreativitätsfördernd. Offene Fragen legen nicht fest, lassen mehrere Denkrichtungen offen.

1 Ich verweise hier exemplarisch auf: Hilbert Meyer, Unterrichtsmethoden II: Praxisband, Cornelsen Scriptor Verlag, Berlin 2007, S. 280 ff. und Rolf Dubs, Lehrerverhalten, Ein Beitrag zur Interaktion von Lehrenden und Lernenden im Unterricht, Franz Steiner Verlag, Stuttgart 2009, Kapitel 4 + 5.

2 Nach Dubs (2009) sind ca. 80 % der Lehrerfragen Fakten- und Erinnerungsfragen, nur etwa 20 % Denkfragen (S. 123).

Schüler aktivierende Methoden und Interventionen

Rituale

Der Lehrer achtet darauf, dass
- die Schüler in **vollständigen** Sätzen antworten
- sich auf den **Vorredner** unter Nennung seines Namens beziehen, wenn er sich zu dessen Beitrag äußern möchte

Kettengespräch

Der Lehrer startet die **Kette**, gibt das Wort weiter an einen Schüler, der dieses ebenso weiterreicht, nachdem er seinen Beitrag zum Gespräch beigesteuert hat.

Spiegeln

Der Lehrer beobachtet in den Gesichtern und in der Körperhaltung ein **Nichtverstehen**, Unverständnis, Skepsis, Zustimmung, Verständnis, Erkenntnis, ... und fordert zum Verbalisieren auf.
»Leon, ich sehe, das hast du nicht verstanden. Wie kann ich dir helfen?«
»Maria, du bist in dieser Sache nicht der gleichen Meinung.«

Rückzug

Der Lehrer kündigt den Schülern an, dass er in den nächsten Minuten sich am Gespräch nicht beteiligen und ausschließlich **zuhören** möchte: *»Die nächsten Minuten höre ich nur mal zu. Unterhaltet euch bitte zu dem Problem.«*

Selbstbedienung

Der Lehrer gibt **Begriffe**, Formulierungen, Fachausdrücke vor, notiert diese an der Tafel und fordert die Schüler auf, diese für ihre Formulierungen zu nutzen.

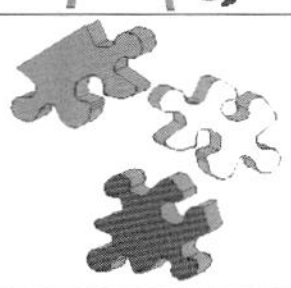

Sprechbausteine

Der Lehrer **zerstückelt** einen Text, setzt die Bruchstücke ungeordnet untereinander und fordert die Schüler auf, den Text zu rekonstruieren (nummerieren, neu zusammensetzen ...). Zur Überprüfung und Übung startet er ein **Kettengespräch** (s. o.).

Helfer-System

Der Lehrer fordert die Schüler auf, sich **Helfer** zu suchen, z. B. wenn ein Schüler in einem Vortrag stecken bleibt oder Fehler macht, die korrigiert werden müssen.

Rückmeldungen

Die Schüler werden aufgefordert, zum Beitrag eines Mitschülers **Rückmeldung** zu geben: *»Was hast du schon verstanden?«*

Farbe bekennen

Der Lehrer fordert Schüler auf, zu Beiträgen von Mitschülern **Stellung** zu beziehen, z. B.
»Nina, äußere dich bitte zu dem, was Alexander vorgetragen hat.«
»Tarek, du scheinst anderer Meinung zu sein wie Anne.«

Murmelgespräch/Aushandeln

Der Lehrer gibt zwei Minuten Zeit, im **Partneraustausch** eine Antwort, Meinung, einen Lösungsvorschlag oder eine Frage auszuhandeln. Anschließend werden etliche Meinungen abgerufen und im Plenum vergleichend diskutiert.

Sichern

Der Lehrer bittet einen Schüler **zusammenzufassen**, was bisher schon erreicht/verstanden wurde.

Fehlformen der Lehrerfrage

? + ? + ? Spricht das für den freien Willen? Oder doch eher für Determination? Wie verträgt sich das mit Kants Ansicht? …	**Ketten-Fragen:** Der Lehrer stellt mehrere Fragen hintereinander und vermengt sie noch mit Sachinformationen. Der Schüler weiß am Ende nicht mehr, auf welche Frage er nun antworten soll. **Alternative:** *Eine Frage stellen, ggf. Rückfrage an Schüler bzw. Mitschülerhilfe erbitten lassen.*
 Ist das nicht unmoralisch?	**Suggestiv-Fragen:** Die Frage wird so gestellt, dass sich die richtige Antwort schon aus der Fragestellung heraus ergibt.
 Schüler: Dann wäre der Mensch eine Maschine! – Lehrer: Der Mensch wäre also eine Maschine?	**Echo-Fragen:** Der Lehrer neigt dazu, Schülerantworten zu wiederholen, indem er sie noch schnell in eine Frageform umformuliert. ***Alternativen: Stellungnahme*** *zur Schülerantwort (»Wie meinst du das?«) +* ***Interpretation*** *(»Verstehe ich dich richtig, dass du damit sagen willst, dass …?«)* **Achtung: Gefahr der Suggestiv-Frage!**
 Willst du wirklich allen Ernstes behaupten, der Mensch wäre eine Maschine?	**Schein-Frage:** In Frageform verpackte Tadel oder Belobigungen, Ironisierungen, Anspielungen, etc.
 Was ist der Mensch? Der Mensch im Vergleich zum Tier? Oder im Vergleich zu einem Gott? Der Mensch als ein sterbliches Wesen?	**Stocher-Fragen:** Der Lehrer stellt eine diffuse Frage, erwartet aber eine präzise Antwort. Erkennt er, dass diese Frage nicht zum erwünschten Ziel führt, bohrt und stochert er durch weitere Fragen solange nach, bis am Ende keiner mehr antwortet, weil die Antwort schon trivial wird.
 Wenn wir an die Zukunft denken, was tun wir dann? Dann … ? Dann …? Na was tun wir dann? – Dann transzendieren wir unsere Gegenwart!	**Rate-Fragen:** Der kluge ›Osterhasen‹-Lehrer, der weiß, wo die guten ›Wissens-Eier‹ versteckt sind, nervt seine Schüler mit der immer gleichen Frage, bis er von einem Schüler die richtige Antwort bekommt. Falls er mit dieser Fragetechnik keinen Erfolg hat, nennt er den gesuchten Begriff dann irgendwann selbst. ***Alternative:*** *Begriff nach kurzer Zeit selbst nennen und von Schülern mit Beispiel erläutern lassen.*
 Hast du dir schon einmal überlegt, dass es sinnvoll sein könnte, erst das Gehirn einzuschalten, bevor man den Mund aufmacht?!	**Killer-Fragen:** Die Frage stoppt jedes weitere Unterrichtsgespräch, da sie thematisch daneben liegt oder die Beziehungsebene mit einer Inhaltsfrage angeht, so dass der Schüler nur mit hochrotem Kopf dasteht.

1.1 Denkanlass + Musterstunde

H

Gedankenexperimente[1] sind neben Dilemmata[2] und Aphorismen[3] ideale ›Katalysatoren‹ für die Hinführungsphase einer schülerzentrierten, Gedanken anregenden und zugleich gesprächsintensiven Philosophiestunde.

Helmut Engels, der 65 interessante Gedankenexperimente zu den Disziplinen Anthropologie, Erkenntnistheorie, Ethik, Staatsphilosophie, Existenzphilosophie und Metaphysik zusammengetragen und hilfreich interpretiert hat,[4] bezeichnet sie zu Recht als ›Multitalente‹ – mit Blick auf ihr philosophiedidaktisches Potenzial als *Augenöffner, Sehhilfen* und *Weckamine*. Diese Funktionen erfüllen sie vor allem dann, wenn Schüler auf der Grundlage vorgegebener Annahmen selbstständig das eigentliche Gedankenexperiment durchführen können.

Bei diesen Denkoperationen sollte sie der Unterrichtende möglichst nicht stören, sondern besser innerhalb eines bestimmten Zeitraums Schüler aktivierende Methoden einzusetzen.

Im Folgenden wird ein literarisches Beispiel von Stanislaw Lem vorgestellt, das sich in der Unterrichtspraxis immer wieder als Denk- und Redeanlass (Mitleidsethik) bewährt hat. Es ist zugleich die Grundlage für eine komplette, nach dem ›Bonbon‹-Modell (→ Vorwort) geplante Philosophiestunde, die hier exemplarisch die Grundkonzeption des vorliegenden Diskurs-Fahrplans veranschaulichen soll.

5–8 Minuten

Plenum

- Da die Annahmen vieler Gedankenexperimente interessant und zugleich provokativ sind, verführen sie Schüler sofort zum kontroversen Diskutieren und Nachdenken. Deshalb bedarf es in der Regel, wenn es keine Nachfragen gibt, keiner weiteren Lehrerimpulse. Es genügt, nach der Vorstellung der Annahmen eine Redekette in Gang zu setzen.
- Wenn man mit Hilfe einer Agenda schon zu Beginn der Stunde bekannt gibt, dass die geplante Hinführungsphase ›nur‹ rund 8 Minuten dauern soll, dürfte es für Schüler kein Problem sein, dass diese Phase dann auch zu Ende ist und die bis dahin geäußerten Ansichten nur den Charakter der Vorläufigkeit haben können.

- Bei Gedankenexperimenten und Dilemmata liegt es auf der Hand, die Schüler am Ende der Hinführungsphase um eine erste Stellungnahme (pro + contra) zu bitten.
  Auf dieses Meinungsbild sollte man dann am Ende der Sicherungsphase noch einmal eingehen und – nicht nur bei verändertem Abstimmungsergebnis – nach den Gründen für den (nicht) erfolgten Gesinnungswandel fragen.

- Gerade beim ersten Überdenken der in einem Gedankenexperiment angelegten Konsequenzen ist es sinnvoll und auch für die Beteiligten wichtig, dass die geäußerten Schülerbeiträge – in Verbindung mit ihrem Namen – schriftlich (an der Tafel oder mit Hilfe eines Verlaufsprotokolls (→ Minutenprotokoll) festgehalten werden.
- Engels (2004, S. 186) empfiehlt in seinem didaktischen Kommentar zum selbstständigen Umgang mit Gedankenexperimenten, »eine Besinnungspause einzulegen, in der die Schüler einzeln oder in Gruppen in aller Ruhe nachdenken und ihr Nachdenken mit Notizen begleiten können«.
- Von einem Gedanken-›Experiment‹ sollte man streng genommen nur dann sprechen, wenn die gemachte Annahme – sei sie rein hypothetisch, real oder verdeckt –, dazu dient, eine bestimmte Frage zu beantworten.[5] Ansonsten handelt es sich lediglich um ein Gedankenspiel bzw. um magisches Denken (»Wäre das nicht wunderschön, wenn wir fliegen könnten?«).

---

1 Da Dilemmata im weitesten Sinne auch Gedankenexperimente sind, wird in dieser Diskurs-Station ›nur‹ die Arbeit mit einem Gedankenexperiment als Denkanlass in der Hinführungsphase vorgestellt.

2 Martin Cohen, 99 moralische Zwickmühlen [für die Sek. II]: Eine unterhaltsame Einführung in die Philosophie des richtigen Handelns, Piper Verlag, München ^{4}2008 + Monica Mutzbauer, Dilemmageschichten [für die Sek.I], Oldenbourg-Verlag, bsv, München 2006.

3 www.aphorismen.de: Hier findet man zu allen philosophisch relevanten Themen und Begriffen interessante Beispiele aus der abendländischen Geistesgeschichte.

4 Helmut Engels, »Nehmen wir an…«, Das Gedankenexperiment in didaktischer Absicht, Beltz Verlag, Weinheim und Basel 2004.

5 Vgl. dazu: Engels 2004, S. 14 ff.

Thema der Reihe: Mitleidsethik

Thema der Einführungsstunde: Soll man Mitgefühl erzwingen?

Thema der nächsten Stunde: Schopenhauers Mitleidsethik

Zentrales Lehrziel: Die Schülerinnen und Schüler sollen sich mit Hilfe eines Gedankenexperiments emotional, genau, bewusst und kritisch in quantitativer und qualitativer Hinsicht mit dem Mitgefühl als möglicher Grundlage für moralisches Handeln auseinandersetzen, indem sie ihren Gefühlen und Gedanken Ausdruck geben (→ Wirkung von ›Altruizin‹), sich die Konsequenzen erzwungenen Mitgefühls vorstellen (→ Einsatz von ›Altruizin‹), die Probleme von zu viel Mitleid bzw. Mitfreude benennen (→ Lems Gedankenexperiment) und erkennen, dass Mitleid auch bloßes Selbstmitleid sein kann und/oder kontraproduktiv wirken kann.

Phase	Inhalt	Aktions-/ Sozialform – Medien	methodisch-didaktischer Kommentar
1. Hinführung *5–8 Min.*	Vorstellung von ›Altruizin‹ von St. Lem Schüler artikulieren ihre spontanen Gedanken und Gefühle angesichts des Szenarios von St. Lem → Meinungsbild: PRO + CONTRA	Lehrervortrag Redekette ›Minutes‹	• Präsentation • Problemeröffnung • Sensibilisierung • Motivation • Sicherung des Diskussionsverlaufs
2. Problemstellung *5 Min.*	Sollte man Mitgefühl erzwingen?	Tafel	• Problem-Fokussierung
3. Intuitive Problemlösung *15 Min.*	Schüler entwerfen in Skizzenform Szenarien, die mögliche Folgen des Einsatzes von ›Altruizin‹ aufzeigen und stellen sie kurz vor; Probleme/Aspekte werden stichwortartig fixiert.	Gruppenarbeit Präsentation Tafel (außen)	• Einfühlung • Problematisierung • Konkretisierung • Veranschaulichung • Sicherung des Zwischenergebnisses
3. Kontrollierte Problemlösung *10 Min.*	Vorstellung der Folgen des Einsatzes von ›Altruizin‹ in Lems literarischem Gedankenexperiment → Vergleich mit selbst skizzierten Folgen	OHP Unterrichtsgespräch	• Vergleich • Vertiefung • Problemhorizonterweiterung
4. Festigung *10 Min.*	Systematische Auflistung der problematischen Folgen des Mitgefühls (Mitleid + Mitfreude) und der Handlungsmotive beim Einsatz von ›Altruizin‹ → Egoismus als Motiv + Kants Pflichtethik als moralische Alternative; ggf. 2. Meinungsbild: PRO/CONTRA → Reflexion	Tafel (Mitte) Unterrichtsgespräch	• Begriffsarbeit • Systematisierung • Problemfokussierung → außermoralische und moralische Motive • Reflexion
5. Transfer/ Hausaufgabe	1. Mit welchem Problem setzt sich Schopenhauer auseinander? 2. Überzeugt dich sein Problemlösungsvorschlag?	Schopenhauer-Text ›Preisschrift 1844‹	• Argumentationsstruktur erarbeiten • Position kritisch reflektieren

Stanislaw Lem

Altruizin

oder Der wahre Bericht darüber, wie der Eremit Bonhomius das universelle Glück im Kosmos schaffen wollte, und was dabei herauskam

Der Eremit Bonhomius ist ein Roboter mit sehr menschlichen Eigenschaften. Er hat es sich – seinem Namen entsprechend – zur Aufgabe gemacht, das universelle Glück im Kosmos zu schaffen. Von einer fast allmächtigen Maschine bekommt Bonhomius das Rezept für ein Mittel, das dazu dienen soll, die Menschen glücklich zu machen. Das Präparat trägt den Namen ›Altruizin‹.

Altruizin ist ein Stoff, der Gefühle, Emotionen und Empfindungen eines Individuums auf alle Lebewesen im Umkreis von vierhundert Schritt überträgt, ausgeschlossen sind allerdings Pflanzen und Roboter. Dieser Stoff wirkt auf telepathischer Grundlage, überträgt aber keine Gedanken. Die Intensität der übertragenen Empfindungen ist umso größer, je mehr Empfänger beteiligt sind. Der Sinn von Altruizin liegt darin, dass Brüderlichkeit, Solidarität und tiefste Sympathie in der Gesellschaft sichergestellt werden. Die Nachbarn eines glücklichen Menschen teilen sein Glück. Es liegt also in ihrem Interesse, dieses Glück zu befördern. Hat ein Einzelwesen dagegen Schmerzen, werden sogleich alle, die von den Schmerzen mit betroffen sind, zu Hilfe eilen, um sich selbst von den empfangenen Schmerzen zu befreien. Hindernisse wie Mauern, Hecken oder Zäune können die altruisierende Wirkung nicht aufhalten. Das wasserlösliche, geschmacks- und geruchslose Präparat kann über Wasserleitungen, Flüsse oder Brunnen verteilt werden. Ein Millimikrogramm genügt für einhunderttausend Individuen.

Zitiert nach: Helmut Engels, »Nehmen wir an …«. Das Gedankenexperiment in didaktischer Absicht, Beltz-Verlag, Weinheim und Basel 2004, S. 75 f.

Originalquelle: Altruizin oder Der wahre Bericht darüber, wie der Eremit Bonhomius das universelle Glück im Kosmos schaffen wollte, und was dabei herauskam (Auszug), aus: Stanislaw Lem, Kyberiade. Fabeln zum kybernetischen Zeitalter. Aus dem Polnischen von Jens Reuter. © Stanislaw Lem 1968, © der deutschsprachigen Übersetzung Insel Verlag, Frankfurt am Main 1983.

ALTRUIZIN und seine FOLGEN

in der Geschichte von Stanislaw Lem

1. eine **Handvoll** ALTRUIZIN gelangt in den Brunnen eines kleinen Weilers	→	Im Stall des Bauern an diesem Weiler kalbt eine Kuh: Arzt und Kuhmägde stürzen unter großem Geschrei aus dem Stall
2. **40 Kilogramm** ALTRUZIN gelangen ungewollt ins Trinkwasser einer Stadt	→	a) 6 Strolche ziehen einem Greis solange mit einer Zange die Zähne aus dem Mund, bis der schmerzende Zahn gefunden ist. b) Es entsteht eine wilde, ausufernde Schlägerei in einer Kneipe, nachdem ein Betrunkener einen anderen geohrfeigt hat. c) Ein Hochzeitspaar wird von Passanten angefeuert. d) Hotelgäste springen aus dem Fenster, weil eine Katze im Keller eine Maus jagt. e) Ein harmloses Nasenjucken provoziert donnernde Salven von kollektivem Niesen. f) Ärzte und Schwestern fliehen in panischer Angst aus den Krankenhäusern. g) Eine trauernde Witwe wird mit Gewalt aus der Stadt vertrieben. h) Weil eine Hotelköchin sich den Finger verbrennt, löst der schmerzende Finger eines Rittmeisters eine Gewehrsalve aus, die 5 Menschen tötet. Der dadurch entstandene Schmerz ist so schlimm, dass ein Hotelgast alle anderen Gäste mit Petroleum übergießt und anzündet. i) Die enttäuschten Hochzeitsnacht-Spanner gehen mit Knüppeln auf Passanten los. j) Die Leute stürmen zu einer neu eröffneten Kaninchenfarm.

Nach: Altruizin oder Der wahre Bericht darüber, wie der Eremit Bonhomius das universelle Glück im Kosmos schaffen wollte, und was dabei herauskam (Auszug), aus: Stanislaw Lem, Kyberiade. Fabeln zum kybernetischen Zeitalter. Aus dem Polnischen von Jens Reuter: © Stanislaw Lem, 1968, © der deutschsprachigen Übersetzung Insel Verlag, Frankfurt am Main 1983, zit. n. st 1215, S. 87 ff.

Stanislaw Lem – ›Altruizin‹

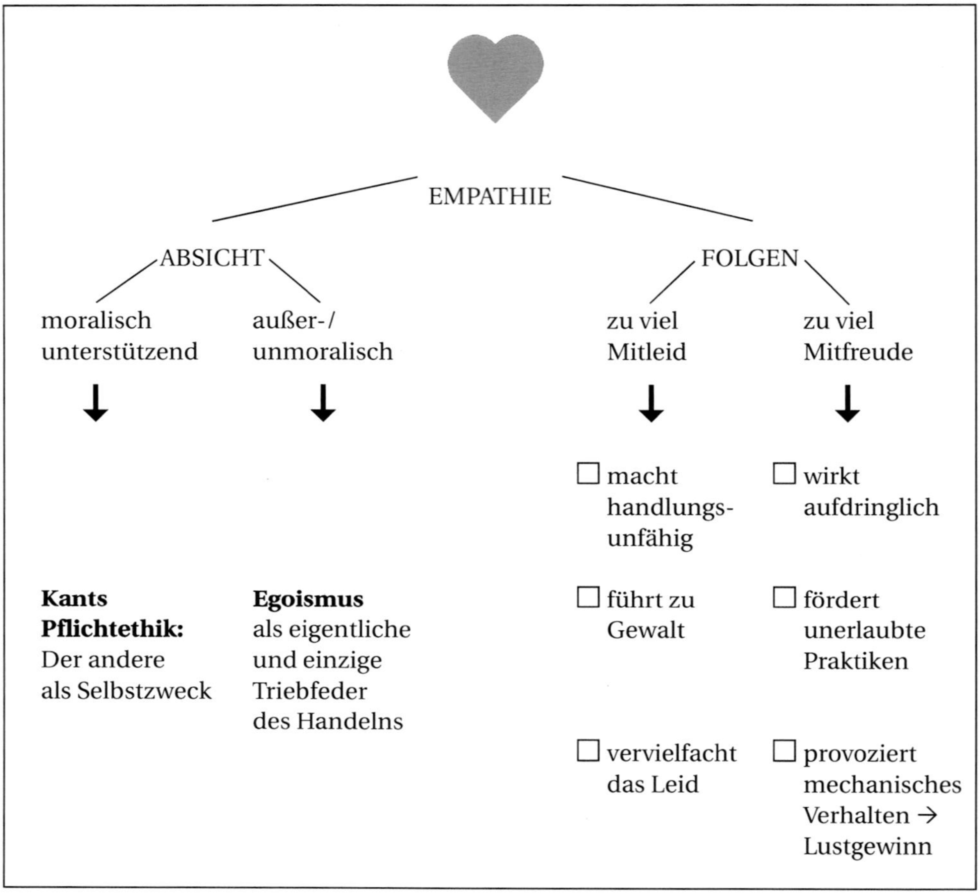

Grafik auf der Grundlage der Überlegungen von Helmut Engels, »Nehmen wir an ...«. Das Gedankenexperiment in didaktischer Absicht, Beltz-Verlag, Weinheim und Basel 2004, S. 78 ff.

Arthur Schopenhauer

Preisschrift über die Grundlage der Moral (1844)

Es gibt überhaupt nur drei Grundtriebfedern der menschlichen Handlungen; (...) Sie sind:

a) Egoismus, der das eigene Wohl will (ist grenzenlos).
b) Bosheit, die das fremde Wehe will (geht bis zur äußersten Grausamkeit).
c) Mitleid, welches das fremde Wohl will (geht bis zum Edelmut und zur Großmut).

Jede menschliche Handlung muss auf eine dieser Triebfedern zurückzuführen sein; wiewohl auch zwei derselben vereint wirken können. Da wir nun Handlungen von moralischem Wert als faktisch gegeben angenommen haben; so müssen auch sie aus einer dieser Grundtriebfedern hervorgehen. (...) [Sie] müssen (...) von der dritten Triebfeder ausgehen, und dies wird seine Bestätigung (...) im Folgenden erhalten. (...)

»(...) Jedes Individuum ist ein von allen andern von Grund aus verschiedenes Wesen. Im eigenen Selbst allein habe ich mein wahres Sein, alles andere hingegen ist Nicht-Ich und mir fremd.« – Dies ist die Erkenntnis (...), die allein [dem] Egoismus zum Grunde liegt und deren realer Ausdruck jede lieblose, ungerechte oder boshafte Handlung ist. –

»(...) [D]ie Vielheit und Verschiedenheit der Individuen [ist] bloße Erscheinung, d. h. nur in meiner Vorstellung vorhanden (...). Mein wahres inneres Wesen existiert in jedem Lebenden so unmittelbar, wie es in meinem Selbstbewusstsein sich nur mir selber kundgibt.« – Diese Erkenntnis, für welche im Sanskrit die Formel »tat-tvam asi«, d. h. »dies bist du« der stehende Ausdruck ist, ist es, die als Mitleid hervorbricht, auf welcher daher alle echte, d. h. uneigennützige Tugend beruht und deren realer Ausdruck jede gute Tat ist (...).

Hingegen beruft Egoismus, Neid, Hass, Verfolgung, Härte, Rache, Schadenfreude, Grausamkeit sich auf jene erstere Erkenntnis und beruhigt sich bei ihr.

Arthur Schopenhauer, Werke in fünf Bänden, nach den Ausgaben letzter Hand, hrsg. von Ludger Lütkehaus, Zürich 1988, Haffmanns-Verlag, Band III, S. 461 ff.

1.2 GEIST-Methode

Der zielführende Einsatz von visuellen Medien ist (nicht nur) in der Hinführungsphase des (Philosophie-)Unterrichts in vielerlei Hinsicht sinnvoll und Gewinn bringend. Bilder haben eine deskriptive, eine expressive und eine sensibilisierende Funktion, sie regen zum Gespräch an, bieten – je nach Bildauswahl – vielfältigen Anlass zum Nachdenken und »verweisen schließlich [mit Blick auf ihre Wirkungsgeschichte] über sich hinaus«[1].
Aus guten Gründen hat sich bilddidaktisch der klar strukturierte Umgang mit Bildern nach der von J. Kalcher entwickelten GEIST-Methode[2] im Unterricht bewährt:
(i) Ausgangspunkt der (philosophischen) Denkbewegung sind (natürlich) die sich spontan einstellenden Gedanken und Gefühle der Betrachter. (Sie spiegeln zugleich die Alltagserfahrungen der Schüler wider, die in Phase (iv) ausdrücklich zum Gesprächsgegenstand gemacht werden.)
(ii) Anschließend werden möglichst genau und vollständig die Bildelemente erfasst.
(iii) Jetzt erst sollen die Schüler erste Deutungen wagen und dabei möglichst viele der genannten Elemente berücksichtigen.
(iv) Hier können die Schüler einen vorläufigen Sinnzusammenhang zwischen Bild, Thema und ihrer Lebenswelt formulieren, der von selbst zur Beschäftigung mit
(v) der Frage führt, welche Tragweite das Bild für das eigene Selbst- und Weltbild hat bzw. welche grundsätzliche Frage- und Problemstellung es aufwirft.

ca. 15 Minuten

Plenum

- Die GEIST-Methode verhindert das ›wilde Hin- und Herspringen‹ zwischen Analyse, Deutung und Bewertung und gibt so dem Lehrer-Schüler-Gespräch eine sachlogisch jederzeit identifizierbare Struktur.
- Es spricht nichts dagegen, den Schülern zu Beginn der Bildbesprechung die Phasen der GEIST-Methode im Sinne einer Mini-Agenda vorzustellen. Dies sorgt nicht nur für Transparenz, sondern entlastet zugleich den Unterrichtenden. Er kann jederzeit ‚regelbezogen' auf den entsprechenden Diskurs-Abschnitt verweisen und ggf. nicht passende Schülerbeiträge – sachlich begründet – zurückstellen.
  Außerdem erfolgt so ein wichtiger Beitrag zum Aufbau der Methodenkompetenz Bildanalyse.
  Analog zu den entsprechenden Schritten der Texterschließungsmethode PLATO[3] hat sich in der Unterrichtspraxis Folgendes bewährt,

- Je genauer und vollständiger die Schüler in der ›E‹-Phase die Bildelemente benennen, umso größer ist die Chance, dass in der anschließenden ›I‹-Phase eine Vielzahl von (interessanten) Interpretationshypothesen entwickelt werden.
- In den Phasen ›I‹, ›S‹ und ›T‹ sollte sich der Unterrichtende bemühen, sein eigenes Verständnis zurückzustellen, um nicht Gefahr zu laufen, seinen Schülern unter der Hand eine bestimmte Deutung nahezulegen.

- Die in der ›E‹-Phase genannten Bildelemente kann man auf einer Bildfolie mit Hilfe eines roten Punkts ›unterstreichen‹ und damit für die ›I‹-Phase deutlich fokussieren.
- Je nach Bildvorlage kann es schwierig werden, mit Hilfe einer Overhead-Projektion alle Details genau zu erkennen. Das hängt auch davon ab, ob sich ein Unterrichtsraum entsprechend verdunkeln lässt. Auf jeden Fall sollte der Unterrichtende dies vor der Stunde überprüfen und ggf. für jeweils 2–3 Schüler eine Farbkopie zur Hand haben.
- Der bilddidaktische Einsatz der GEIST-Methode in der Hinführungsphase empfiehlt sich vor allem für Stunden mit 60' oder 90' Dauer, da man sonst die einzelnen Phasen aus Gründen der Zeitökonomie auf rund 2' beschränken muss.

---

1 Barbara Brüning, Philosophieren in der Sekundarstufe, Methoden und Medien, Beltz-Verlag, Weinheim-Basel-Berlin 2003, S. 132 f.

2 G. Münnix, J. Kalcher, A. Baranowski, Horizonte Praktischer Philosophie 9/10, Klett Schulbuchverlag, Leipzig 2002, S. 175.

3 Die ebenfalls von J. Kalcher entwickelte PLATO-Methode wird ausführlich vorgestellt und an Hand eines Textes praktisch erläutert in: Michael Wittschier, Textschlüssel Philosophie, 30 Erschließungsmethoden mit Beispielen, bsv-Patmos, München 2010, S. 113.

Rolf Peters, Bernd Rolf, Ethik aktuell, C.C. Buchner Verlag, Bamberg 2002. Die in diesem Arbeitsbuch verwendeten Bilder werden vom Buchner-Verlag auch als separate Folienmappe mit hervorragenden Reproduktionen und zusätzlichen Informationen zu den Künstlern bzw. konkreten Vorschlägen für den methodischen Einsatz zu allen zentralen ethischen Themen angeboten.

Bildbeispiele für verschiedene Themenkreise

Einführung in das philosophische Denken

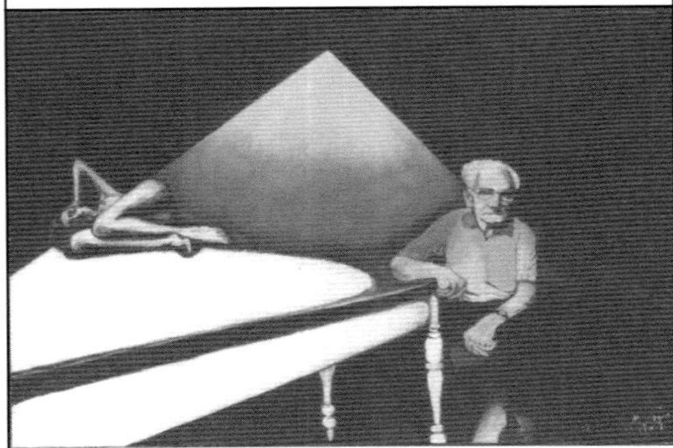

Michael Wittschier, Philo-Sophie, 1988–90

Moralphilosophie – Mitleidsethik

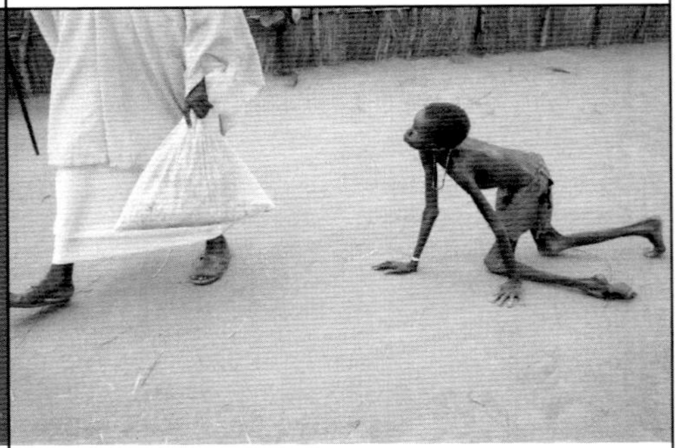

http://www.tomstoddart.com/

Staatsphilosophie – Rousseau. Übergang zur Zivilisation

Sempé

Erkenntnistheorie – Sinnestäuschung

Samuel van Hoogstraten »Augenbetrüger« – Stillleben, 1666/78

GEIST-Methode

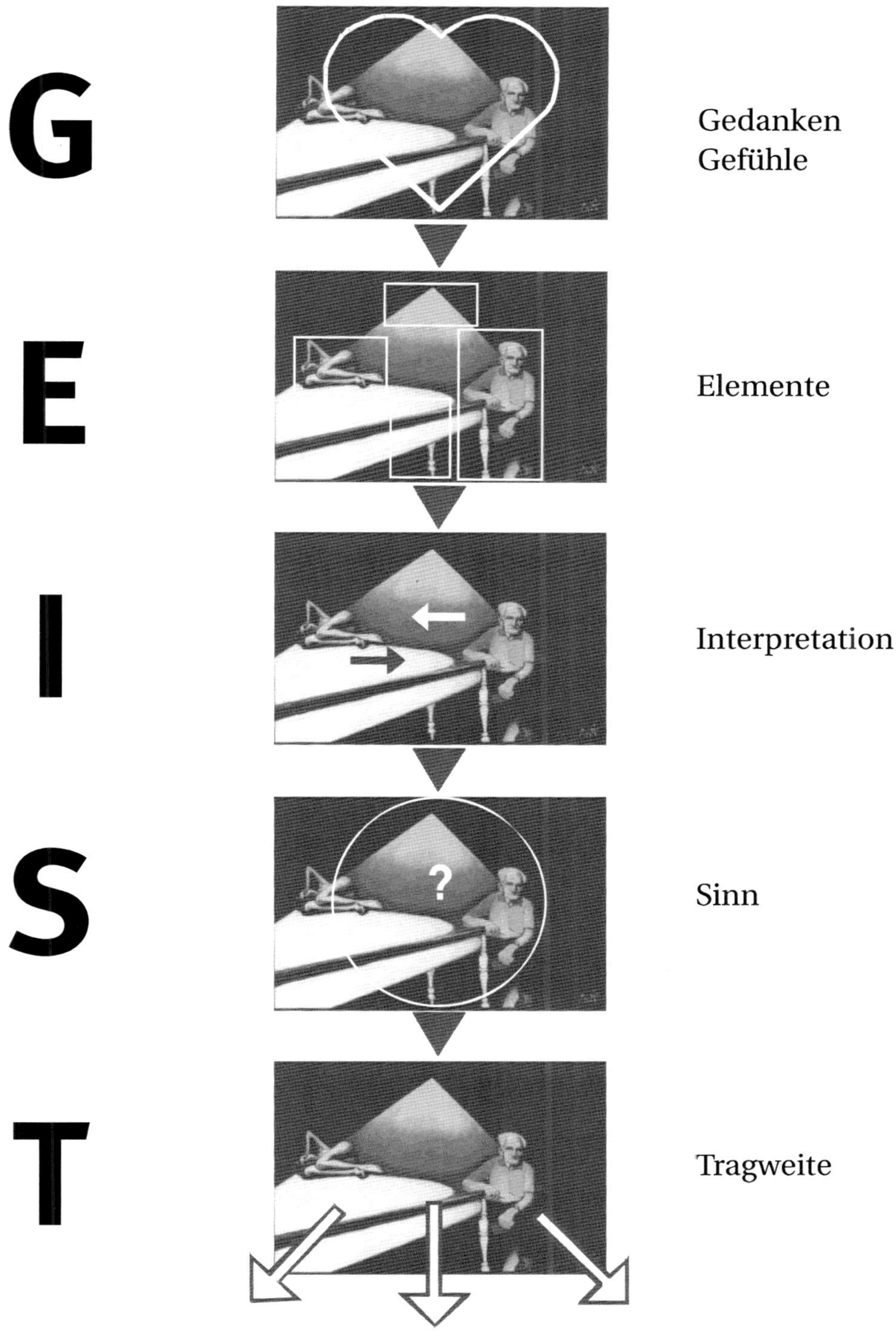

Arnulf Rainer (*1929),
Die Affenfamilie, 1969/71

Gedanken Gefühle	»Ich finde das Bild abstoßend und uninteressant.« »Die Menschen haben etwas Tierisches.« »Warum sind die Fotos so schmierig übermalt?« »Das ist wohl moderne Kunst.«
Elemente	ein goldener Rahmen, oben rechts steht mit Bleistift geschrieben ›4 Affen‹ – vier gleich große (Pass-)Fotos sind gleichmäßig über das Bild verteilt – auf allen Fotos ist ein (Selbst-)Portrait eines (ein- und desselben?) jungen Mannes zu sehen, der auf verschiedenartige Weise in die Kamera grimassiert – die Blickrichtung der vier Augenpaar geht zum Bildmittelpunkt – die Fotos sind in den Farben gelb, rot und schwarz fast bis zur Unkenntlichkeit mit breiten wüsten Pinselstrichen übermalt – die Striche sehen so aus, als ob ein Tier mit seiner Pfote über die Fotos gewischt hätte – die drei großen schwarzen Striche kann man von oben links nach unten rechts als ›ich‹ lesen, wobei das ›h‹ spiegelverkehrt gemalt ist – man kann von Gesichtern auf allen vier Fotos nur die Augen gut erkennen – alle vier Fotos sind mit einer farblosen Krallenspur kreisförmig miteinander verbunden.
Interpretation	»Das Bild ist Ausdruck einer verzweifelten Suche nach einer Antwort auf die Frage: Wer bin ich?« »Das Bild artikuliert das Problem der nationalen Identität vieler Deutscher vor der Wiedervereinigung.« »Hier spielt jemand ganz bewusst verschiedene Selbstbilder durch und verwirft sie gleich wieder.«
Sinn	»Diese hier dargestellte Identitätssuche kenne ich auch als Problem. Das ist gar nicht so einfach herauszubekommen, wer man ist.« »Wenn ich in den Spiegel schaue, finde ich mich meistens ziemlich hässlich. Aber wie sehen mich die anderen? Das fragen sich vielleicht ja auch die Affen im Zoo, wenn wir sie betrachten.« »Es geht um die schwierige Grenze zwischen Mensch und Tier. Uns trennen ja nur ganz wenige Prozente im Erbgut.«
Tragweite	»Das Bild wirft im weitesten Sinn die Frage auf: Was ist der Mensch (im Vergleich zum Tier im Allgemeinen bzw. zum Affen im Besonderen)? Im engeren Sinne stellt es uns vor die Frage: Wer bin ich (als Deutscher)?«

1.3 Advance Organizer

H

Wenn es im Unterricht darum geht, komplexe und komplizierte Begriffszusammenhänge zu vermitteln, z. B. zu Beginn, in der Mitte oder am Ende einer umfangreichen Lernsequenz, ist es durchaus sinnvoll, diese den Schülern in der Hinführungsphase mit Hilfe eines sogenannten Advance Organizers in seiner sachlogischen Struktur so vorzustellen, dass diese frühzeitig (in advance) erkennen, welches Vorwissen sie aktivieren müssen (organizer), um den Lernprozess erfolgreich zu durchlaufen.
Die von David Asubel (1974) entwickelte Methode ist durch die moderne Entwicklungspsychologie unter dem Stichwort ›Matthäus-Effekt‹[1] bestätigt worden. Das Vorwissen spielt mit dem Faktor 0,7 die alles entscheidende Rolle für den Lernerfolg und legitimiert damit die gute Form des Lehrervortrags.
Er dient der Übersicht und Vernetzung neuer Stoffgebiete und sorgt durch die logische Verknüpfung für besseres Verstehen, langfristigeres Behalten und bessere Transferleistungen.
Eine »früh im Lernprozess entwickelte Expertenstruktur«[2] macht nicht unbedingt eine Phase der intuitiven Problemlösung überflüssig. Wie im Folgenden am Beispiel der Leib-Seele-Problematik gezeigt wird, kann man als Unterrichtender in der Hinführungsphase nur eine ›Vorstufe‹ des endgültigen Advance Organizers entwickeln und damit den Schülern die Möglichkeit anbieten, selbstständig über die inhaltlichen Kriterien nachzudenken und passende Beispiele zu finden. Die ›Endstufe‹ des Organizers käme dann in der Sicherungsphase zum Einsatz, nachdem die Schüler – zum Beispiel mit Hilfe eines Lerntempo-Duetts[3] – sich den Text von Holbach arbeitsteilig erschlossen und gegenseitig vorgestellt haben.

ca. 8 Minuten

Plenum

- Die Entwicklung eines begrifflich umfangreichen Organizers ist eine zeitaufwändige und zugleich anspruchsvolle Aufgabe, der sich nicht jeder gleich gewachsen fühlt. Zum Glück gibt es inzwischen für den Philosophie-Unterricht schon eine Vielzahl von Organizern[4], auf die Unterrichtende zurückgreifen können.
- Man kann den verwendeten Organizer in vergrößerter Form (Ausdruck als mehrteiliges Plakat) im Kursraum aufhängen, so dass er den Lernprozess längere Zeit begleitet und man immer wieder auf ihn Bezug nehmen kann.
- Mit einem gut strukturierten Organizer gibt der Unterrichtende seinen Schülern ein anschauliches Beispiel für die Entwicklung eigener Organizer für Schülerreferate und/oder ein Begriffsnetz an die Hand.

- Damit ein Advance Organizer seine Funktion erfüllt, darf er nicht zu umfangreich sein und sollte höchstens 15 Begriffe verwenden.
- Die im Organizer verwendeten Begriffe dürfen durchaus mehrfach durch Fotos, Symbole oder Zeichnungen bzw. verschiedene Farben kodiert werden. Dadurch werden sie anschaulicher und können vor allem von Schülern, die visuelle Lernertypen sind, besser behalten werden.
- Die Vorstellung des Organizers zu in der Hinführungsphase sollte in der Regel nicht mehr als 7–8 Minuten dauern. Die Praxis hat gezeigt, dass Schüler es durchaus schätzen, wenn die ›Lernorganisations-Hilfe‹ sukzessive (an der Tafel) entwickelt oder auf dem Overhead-Projektor aufgedeckt wird. Dies entspricht dem Power-Point-Prinzip, lässt sich aber ohne großen technischen Aufwand[5] verwirklichen.

---

1 Vgl. dazu O. Köhler, J. Baumert, Entwicklung schulischer Leistungen, in: Rolf Oerter, Leo Montada (Hrsg.), Entwicklungspsychologie, Beltz Verlag, Weinheim 2008, 6. völlig neu bearbeitete Auflage, S. 742 + 749: *»Denn wer da hat, dem wird gegeben. Wer aber nicht hat, von dem wird auch genommen werden, was er hat.«* – NT, Matthäus 13,12

2 Diethelm Wahl hat in seinem Buch: Lernumgebungen erfolgreich gestalten. Vom trägen Wissen zum kompetenten Handeln, Klinkhardt Verlag, Bad Heilbrunn 2006, die Vorzüge des Advance Organizers auf den Seiten 139–154 ausführlich dargestellt und seine Konstruktionsprinzipien detailliert erläutert.

3 Wahl 2006, S. 293 + Michael Wittschier, Textschlüssel Philosophie, 30 Erschließungsmethoden mit Beispielen, bsv-Patmos, München 2010, S. 121 ff. – Beim Lerntempoduett wird der zu erarbeitende Text sinnvoll halbiert und auf zwei gleich große Lerngruppen verteilt, die sich nach einer Phase der Aneignung in Lerntandems gegenseitig ihre Textabschnitte vorstellen.

4 Über 200 Organizer zu den Hauptwerken von 16 Philosophen von Sokrates bis Foucault finden sich in: Michael Wittschier, Philosophie kompakt, Patmos Verlag, Düsseldorf 2008. Auch im dtv-Atlas zur Philosophie liegen schon seit rund 20 Jahren viele gut als Advance Organizer einsetzbare Begriffs-Grafiken vor.

5 Bei der Arbeit mit einer OHP-Folie kann man zu Hause einen identischen Papierausdruck machen und diesen nach dem Prinzip des Adventskalenders mit verschiedenen ›Türchen‹ versehen, die dann im Laufe des Vortrags geöffnet werden.

LEIB-SEELE-PROBLEM

Monismus ⟷ **Dualismus**

res extensa + res cogitans

animistischer Kausalismus	physikalischer Reduktionismus	psycho-physischer Parallelismus	psycho-physischer Interaktionismus
Körper ↑ GEIST	Geist ↓ KÖRPER	Körper — GOTT — Geist	Körper ↑↓ Geist

Berkeley 1685–1753	Holbach 1723–1789	Spinoza 1632–1677	Popper 1902–1994

LEIB-SEELE-PROBLEM???

Ryle

1900–1976

KATEGORIE **A**

GEIST

›Fußballmannschaft‹

KATEGORIE **B**

KÖRPER

›einzelne Spieler‹

Paul Henri Thiry d'Holbach

Der Mensch als Materie und Bewegung / 1

Der Mensch ist das Werk der Natur, er ist ihren Gesetzen unterworfen, er kann sich nicht von ihr frei machen, er kann nicht einmal durch das Denken von ihr loskommen. Für ein Ding, das durch die Natur geformt ist, existiert nichts außerhalb des großen Ganzen. Die Dinge, von denen man annimmt, dass sie über der Natur stehen oder dass sie von ihr verschieden sind, werden immer Trugbilder sein, von denen wir uns niemals wirkliche Ideen machen können. Der Mensch ist ein rein physisches Wesen; der moralische Mensch ist nichts anderes als dieses physische Wesen, betrachtet unter einem bestimmten Gesichtspunkt. Sein Körperbau ist das Werk der Natur. Seine sichtbaren Handlungen, ebenso wie die unsichtbaren Bewegungen, sind natürliche Wirkungen seines eigentümlichen Mechanismus. Alles, was er nach und nach erfunden hat, war immer nur eine notwendige Folge des ihm eigentümlichen Wesens. Ebenso ist es mit all unseren Ideen. Die Kunst ist nur die Natur, die durch von ihr selbst geschaffene Werkzeuge wirkt. Alles, was wir tun, ist nur Antrieb der Natur. Auf das Physische und auf die Erfahrung muss der Mensch bei allen seinen Forschungen zurückgehen. Die Natur wirkt nach einfachen Gesetzen. Sobald wir die Erfahrung verlassen, führt uns unsere Einbildungskraft irre. (…)
Nehmen wir die Erfahrung zum Führer; betrachten wir die sichtbare Welt: Sie zeigt uns überall nur Materie und Bewegung. Die Bewegung allein ist es, die Beziehungen zwischen unseren Organen und den in uns und um uns befindlichen Dingen herstellt. Eine Ursache ist ein Ding, das ein anderes in Bewegung setzt oder das irgendeine Veränderung in ihm hervorruft. Die Wirkung ist die Veränderung, die ein Körper in einem anderen vermittelst der Bewegung hervorruft. Auf welche Art ein Körper auch auf uns wirken mag, wir haben von ihm nur Kenntnis durch irgendeine Veränderung, die er in uns hervorgerufen hat. Von den im Innern des Menschen vor sich gehenden Bewegungen, von seinen Gedanken, seinen Leidenschaften, seinem Willen können wir uns auf Grund der Handlungen Ideen machen. So vermuten wir, wenn wir einen Menschen fliehen sehen, dass er von Furcht getrieben wird. Die Bewegungen der Dinge sind immer notwendige Folgen des Wesens der Dinge. Jedes Ding hat ihm eigentümliche Bewegungsgesetze. Alles im Universum ist Bewegung. (…)

Paul-Henri Baron von Holbach, System der Natur, übersetzt von Fritz-Georg Voigt, Reclam, Leipzig o. J., 3 f.,18–22; zitiert nach: Philosophisches Kolleg 4, Anthropologie, hrsg. von H. J. Türk und Werner Trutwin, Patmos Verlag, Düsseldorf 1978, S. 35 ff.

PHASE 1: **Arbeitsaufträge → Einzelarbeit** ⌛ 10 Minuten

- Vergegenwärtige dir den Inhalt des Textes mit Hilfe eines ›Begriffsnetzes‹!
- Signalisiere durch Hochheben deines Arbeitsblattes, dass du fertig bist.

Aufgabe zum Überbrücken der Wartezeit

- Wenn du den Inhalt des Textes in einem einzigen Satz zusammenfassen müsstest, wie würde dieser Satz lauten?

PHASE 2: **Austausch in Paaren mit verschiedenen Texten** ⌛ 10 Minuten

- Erkläre einer ähnlich schnellen Person den Textinhalt mit Hilfe deines Begriffsnetzes!

Paul Henri Thiry d'Holbach

Der Mensch als Materie und Bewegung / 2

Die Seele folgt denselben Gesetzen wie der Körper; sie entsteht mit dem Körper, ist schwach in der Kindheit, sie teilt seine Freuden und Leiden, ist gesund oder krank, wirksam oder schlaff, wachsam oder schläfrig wie er. Infolgedessen überredete man sich, dass diese Seele nicht sterben würde. Da die Natur allen Menschen die Liebe zu ihrem Dasein eingepflanzt hat, ließ sie der Wunsch, darin zu verharren, zufrieden an eine unsterbliche Seele glauben. Wenn dieser Wunsch auch natürlich ist, ist er aber ein Beweis für die Realität eines künftigen Lebens? Wir begehren das ewige Leben des Körpers, und doch wird dieses Verlangen nicht befriedigt. Warum sollte das Verlangen nach dem ewigen Leben unserer Seele eher befriedigt werden als das Erste? Die Seele ist nichts anderes als das Prinzip unseres Empfindungsvermögens. Was ist denken, genießen, leiden anderes als empfinden? Wenn also der Körper zu leben aufhört, kann das Empfindungsvermögen nicht mehr in Tätigkeit sein; er kann also, der Sinne beraubt, keine Ideen mehr haben. Die Seele kann nur vermittels ihrer Organe empfinden. Wie könnte sie nach der Zerstörung ihrer Organe wirken? (...)

Ungeachtet des Trostes einer ewigen Existenz bemerken wir doch, dass viele Menschen über die Auflösung der Körper sehr bekümmert sind, ein Beweis dafür, dass das Wirkliche und Gegenwärtige sehr viel mehr Einfluss auf die Menschen hat als die besten Zukunftsbilder (...)

Der Mensch, der kein anderes Leben erwartet, ist darum nicht weniger daran interessiert, seine Existenz zu verlängern und mit seinen Mitmenschen während des einzigen Lebens, das er kennt, im Guten auszukommen. Die sinnlose Lehre von einem künftigen Leben hindert uns daran, auf Erden glücklich zu sein. Wir verkümmern im Irrtum, schmachten im Elend, und das alles in der Hoffnung auf einen glücklicheren Tag. Man hat sich die Zukunft nach der Gegenwart vorgestellt. Wir finden überall Freuden und Leiden, ein Paradies und eine Hölle. Ein Körper musste vorhanden sein, damit die Seele angenehme Empfindungen haben konnte; (...).

Paul Thiry D'Holbach, System der Natur oder Von den Gesetzen der physikalischen und der moralischen Welt. Aus dem Französischen von Fritz-Georg Voigt, © Aufbau Verlag, Berlin 1960.

PHASE 1: **Arbeitsaufträge → Einzelarbeit** ⌛ 10 Minuten

- Vergegenwärtige dir den Inhalt des Textes mit Hilfe eines ›Begriffsnetzes‹!
- Signalisiere durch Hochheben deines Arbeitsblattes, dass du fertig bist.

Aufgabe zum Überbrücken der Wartezeit

- Wenn du den Inhalt des Textes in einem einzigen Satz zusammenfassen müsstest, wie würde dieser Satz lauten?

PHASE 2: **Austausch in Paaren mit verschiedenen Texten** ⌛ 10 Minuten

- Erkläre einer ähnlich schnellen Person den Textinhalt mit Hilfe deines Begriffsnetzes!

Lösungsvorschläge → Begriffsnetze

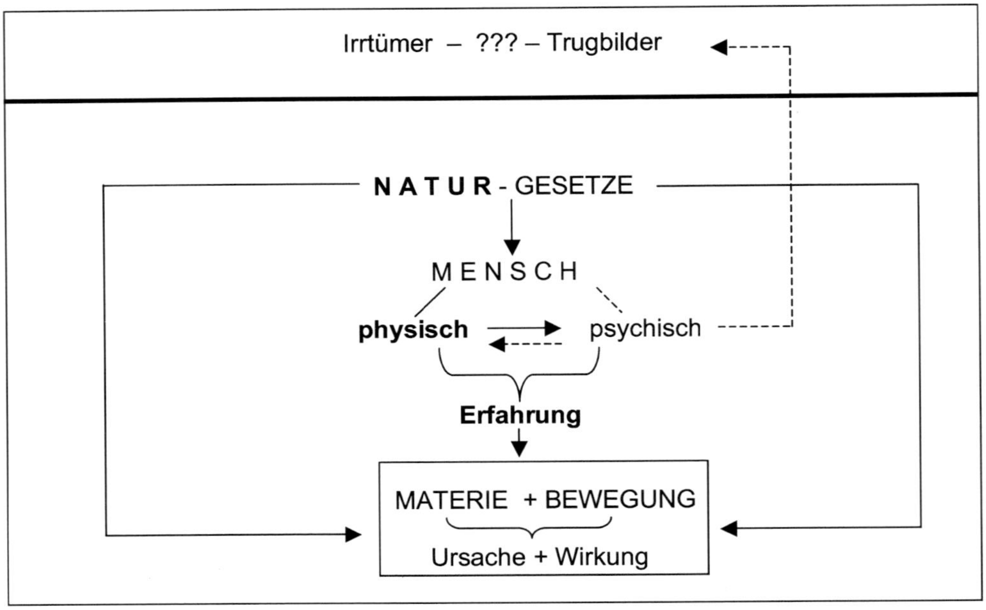

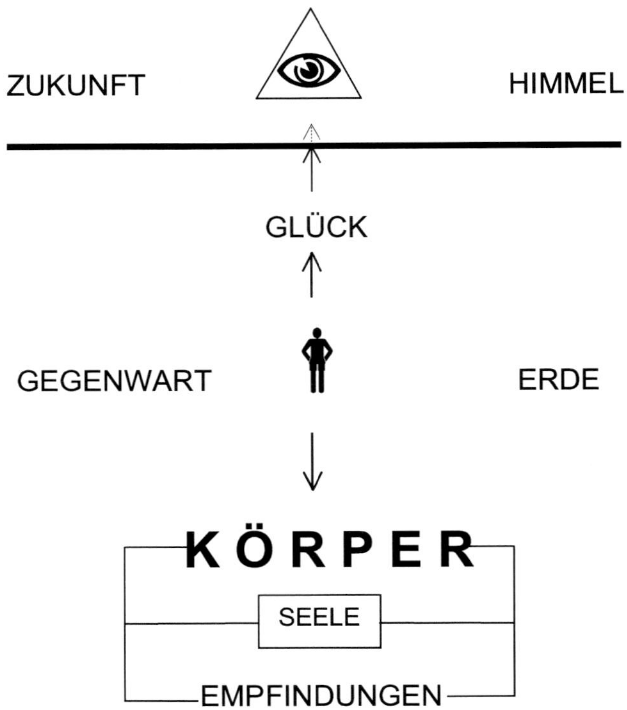

1.4 Formulierungshilfen I
+ Umgang mit Schülerantworten

Die folgenden Formulierungshilfen eignen sich als ›Türöffner‹ in der Hinführungsphase. Sie sind bewusst offen und weit (divergent) gestellt, um den Schülern viele unterschiedliche Denkwege zu eröffnen. Der letzte Formulierungsvorschlag leitet zur nächsten Unterrichtsphase, der Formulierung der Problemstellung, über.

Es spricht nichts dagegen, diese Formulierungshilfen auswendig zu lernen oder mit in den Unterricht zu nehmen.

Hinführung

Möchte jemand **etwas** dazu sagen? … eine **Idee** äußern?

Was fällt euch dazu **ein**?

Was bedeutet das?

Ich habe dazu folgen- **Frage**: …

Gibt es noch weitere, **andere Ideen?**

Möchte jemand **noch mehr** dazu sagen?

Was sagen die **anderen** dazu?

Was verbindet ihr damit?

Was ist hier die **entscheidende Frage**? … das zentrale **Problem**?

Rolf Dubs widmet in seinem Standardwerk ›Lehrerverhalten‹[1] der Lehrerfrage ein eigenes Kapitel (S. 121–146) und geht dort ausführlich und informativ auf alle relevanten Aspekte des verbalen Lehrerverhaltens ein. Seine abschließende Checkliste zur Fragetechnik bringt noch einmal übersichtlich alles Wichtige auf den Punkt.

Wenn man seine eigene Fragetechnik beim Unterrichten beobachten will, sollte man sich höchstens auf 1–2 der folgenden Aspekte in einer Stunde fokussieren.

Checklist: Fragetechnik

1. Haben meine Fragen Bezug auf Erfahrungen (Gelerntes) der Schüler, oder stelle ich meinen Fragen die notwendigen Informationen oder Probleme voraus?
2. Sind meine Fragen klar und eindeutig? (Die Schüler verstehen was gemeint ist, ohne dass ich unmittelbar ergänzende Fragen stellen muss.)
3. Sind die Fragen in ihrem Umfang sinnvoll beschränkt? (Die Schüler werden nicht zu zeitlich langen, umfassenden Antworten gezwungen.)
4. Sind die Fragen zielstrebig und nicht suggestiv? (Die Frage wird mit einer bestimmten Zielsetzung gestellt und nimmt die Antwort nicht zu einem guten Teil vorweg.)
5. Sind die Fragen kurz und natürlich? (Der Schüler kann die Frage ohne übermäßige Anstrengung verstehen.)
6. Variiere ich sinnvoll zwischen Fakten- und Denkfragen sowie engen und weiten Fragen? (Die Fragestellung ist nicht eintönig.)
7. Bemühe ich mich bei den weiten Fragen um die Auslösung von substanziellen Denkprozessen (Scaffolding), und ersetze ich Fragen zunehmend durch offene Anstöße?
8. Passe ich das Niveau der Fragen an die Voraussetzungen bei den Schülern an? (Die Fragen sind auf die Schüler zugeschnitten.)
9. Sind meine Fragen W-Fragen? (Das Fragewort geht voraus.)
10. Verzichte ich auf
    - Begriffsfragen? (Die Frage sucht nach einem Begriff.)
    - Entscheidungsfragen? (Man kann mit Ja oder Nein oder Alternativen antworten.)
    - Ratefragen? (Der Schüler kann nur raten.)
    - unfertige Fragen? (Der Schüler vollendet nur den vom Lehrer begonnenen Satz.)
    - leitende oder rhetorische Fragen? (Die Frage enthält die Antwort bereits.)
11. Verlange ich, wenn ich ausnahmsweise Entscheidungsfragen anwende, eine Begründung?
12. Warte ich nach der Fragestellung etwa drei Sekunden, bevor ich einen Schüler aufrufe?
13. Warte ich bei allen Schülern gleich lange auf eine Antwort?
14. Gebe ich selten Antworten selbst?
15. Bemühe ich mich, die Schüler gleichmäßig zu befragen?

---

1 Rolf Dubs, Lehrerverhalten. Ein Beitrag zur Interaktion von Lehrenden und Lernenden im Unterricht. Franz Steiner Verlag, Stuttgart 2009, S. 135. © Verlag SKV, Zürich.

Wenn es gelingt, die Schüler mit Hilfe einer passenden Eröffnungsfrage zum Nachdenken zu bewegen, sollte der Unterrichtende mit den Antworten wertschätzend und konstruktiv umgehen, um die kognitiven Prozesse weiter zu fördern.
Im Folgenden werden drei suboptimale und drei optimale(re) Reaktionsmöglichkeiten auf eine Schülerantwort vorgestellt, die dazu beitragen, dass das philosophische Unterrichtsgespräch eine entdeckende Funktion bekommt,[1] wobei das Lehrerecho nicht einfach nur aus Verlegenheit einsetzen sollte.

Möglichkeiten des Lehrerfeedbacks → Schülerantwort

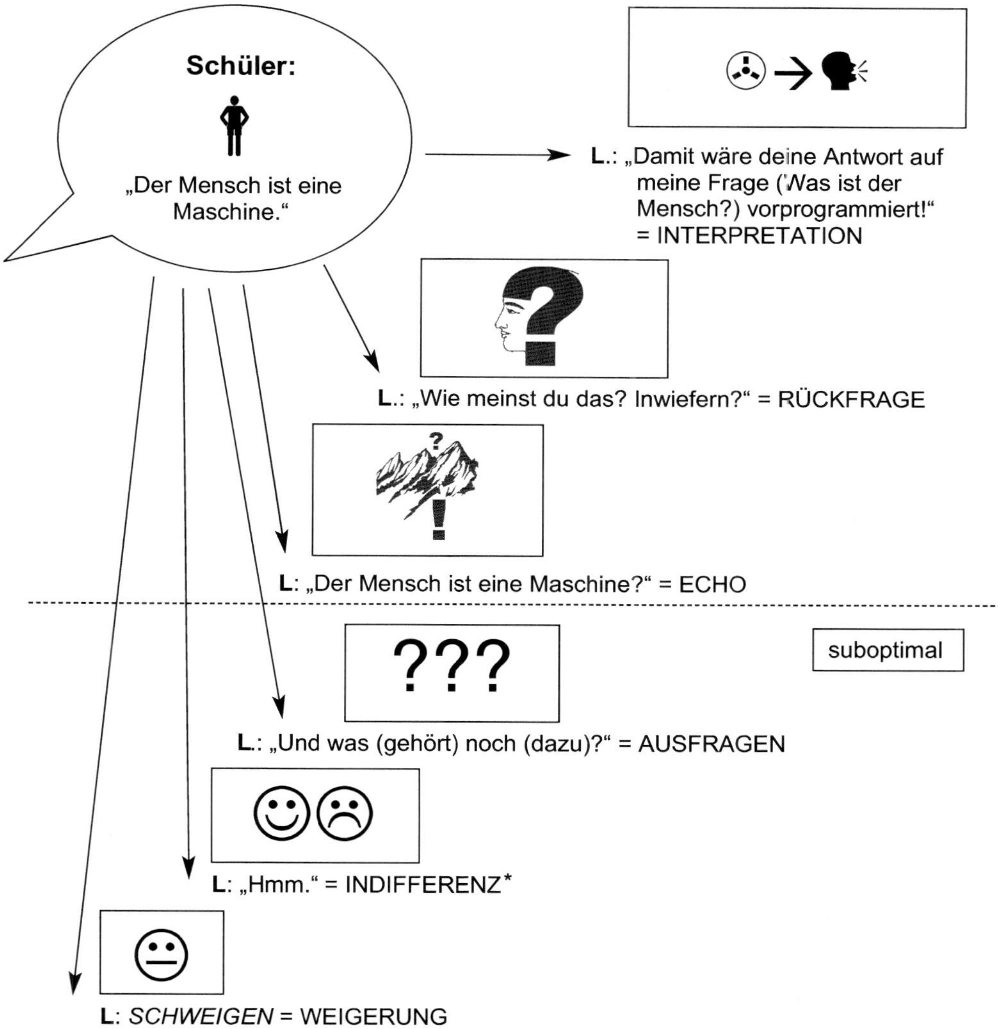

* „Hmm“ wird geschlechterspezifisch verschieden verwendet: Frauen meinen damit eher „Ich höre dir zu“, Männer eher: „Ich stimme dir zu“ – entsprechend betont, kann es auch als Ausdruck von Skepsis oder der Ablehnung verstanden werden.

1 Rolf Dubs, Lehrerverhalten. Ein Beitrag zur Interaktion von Lehrenden und Lernenden im Unterricht, Franz Steiner Verlag, Stuttgart 2009, S. 171 ff. (Lehrgespräch II: Der Dialog als Entdecken)

2.1 Problemformulierung

P

Eine Unterrichtsstunde kann nur dann zielführend geplant und gehalten werden, wenn es für den Lernprozess eine eindeutige Frage- bzw. Problemstellung gibt, die sich in der Regel in der Formulierung des Stundenthemas widerspiegelt.

Diese Einsicht korrespondiert mit der Forderung nach einer klaren Strukturierung des Unterrichts, die den stärksten Einfluss[1] auf den Lernerfolg hat. Ein wichtiger Indikator dafür ist nach Hilbert Meyer, dass die Schülerinnen und Schüler »jederzeit in der Lage [sind] zu erläutern, was sie tun und welches Ziel sie dabei verfolgen«.[2] Dann und nur dann können sie auch am Ende der Stunde beurteilen, ob die Stunde mit Blick auf die leitende Fragestellung zu einem Wissenszuwachs geführt hat – und bestünde dieser ›nur‹ in der Erweiterung ihres Problemhorizonts.[3]

Wer nach dem Beckenbauer-Prinzip (»Schaun mer mal, dann sehn mer scho.«) unterrichtet,[4] braucht sich nicht zu wundern, wenn man im Laufe der Stunde konzeptlos ins ›Schwimmen‹ gerät, den thematischen Überblick verliert und die Schüler deshalb frustriert abschalten.

Die Formulierung der Problemstellung stellt den Unterrichtenden im Vorfeld der Stunde vor die Aufgabe, richtliniengemäß, sachgerecht und schülerbezogen ein zentrales Lehrziel zu formulieren, das die begrifflich relevanten Aspekte des Stoffs im Sinne der didaktischen Kategorisierung[5] thematisch so verdichtet, dass sich daraus eine klar formulierte Problemstellung ableiten lässt, die die Schüler in der zur Verfügung stehenden Unterrichtszeit und mit den zur Verfügung gestellten Mitteln bzw. ertragreich bearbeiten können.

Da die Problemstellung für den weiteren Verlauf der Stunde im Allgemeinen und für eine folgende Phase der intuitiven Problemlösung im Besonderen (Arbeitsphase I) eine alles entscheidende Steuerungsfunktion hat, ist es entscheidend, »eine qualifizierte Frage zu finden, die die Schüler dazu bringt, ein Bewusstsein für das (...) behandelte Problem [des Textes[6]] zu entwickeln und mögliche Lösungen zu antizipieren.«[7]

Wenn man seinen Schülern die leitende Fragestellung der Stunde nicht einfach vorgeben möchte, stellt sich zusätzlich das Problem, einen zielführenden und zugleich motivierenden Anfangsimpuls zu finden und die sich dadurch ergebenden Schülerreaktionen angemessen bei der Formulierung der Problemstellung zu berücksichtigen oder besser noch: diese zunächst einmal von den Schülern selbst wagen zu lassen.

Im Gespräch darüber kann der Unterrichtende aus seiner Sicht – sachlich begründet – ergänzen, modifizieren oder ggf. auch konstruktiv kritisieren. Die leitende Fragestellung darf durchaus den Charakter der Vorläufigkeit haben. Sie kann ja im Laufe der weiteren Arbeitsphasen – nach dem von Karl Popper beschriebenen Prinzip der Fehlerbeseitigung[8] – noch präzisiert oder korrigiert werden. Aber nur dadurch, dass man sie (gemeinsam) thematisiert, wird allen Beteiligten klar, worum es in der Stunde geht.

5 Minuten

Plenum

- Wenn ein Lehrer viel Zeit, Energie und Phantasie in eine Stundenplanung steckt, dann wünscht er sich natürlich, dass die Stunde auch so ›läuft‹, wie er sie sich zu Hause am Schreibtisch vorstellt. Schüler sind aber zum Glück nicht verplanbar.[9] Wer nicht Gefahr laufen will, sie mit Blick auf die leitende Fragestellung zu manipulieren, muss bereit sein, den Faktor ›U‹ (für Ungewissheit) ins planerische Kalkül zu integrieren und damit offen zu bleiben für Alternativen. Eine sinnvolle, mit der gesamten Stundenplanung stimmige Formulierung der Problemstellung dürfte dabei eher hilfreich als hinderlich sein.
- Die eindeutig formulierte und an der Tafel festgehaltene Formulierung der Problemstellung lädt von selbst dazu ein, am Stundenende noch einmal explizit auf sie Bezug zu nehmen und den erreichten Stand der Dinge kritisch zu überdenken.

- Die bloße Nennung des Unterrichts-Gegenstands (z. B. David Hume, Primäre Erkenntnisquelle) erfüllt nicht den Anspruch einer klar formulierten Problemstellung.
- Im Kontext einer länger andauernden Textanalyse (z. B. von Descartes' ›Meditationen‹) wird man sich in der Hinführungsphase in der Regel den Diskussionsstand zum Thema machen und – der Sachlogik des Textes folgend – die neue Problemstellung formulieren.[10]

---

1 + 2 Vgl. dazu Hilbert Meyer, Was ist guter Unterricht?, Cornelsen Verlag Scriptor, Berlin 2004, S. 35 + 36.

3 Für den Reformpädagogen Peter Petersen ist deshalb die Transparenz schon seit den 20er Jahren des letzten Jahrhunderts eine Selbstverständlichkeit: »Die Pädagogie verlangt Offenheit und Antastbarkeit in allem Unterrichten.« (6. *Grundurteil* der ›Führungslehre‹).

4 Für den Lehrplan Philosophie gibt es diesen hier beschriebenen Unterschied zwischen Sein und Sollen nicht: »Jeder Unterricht muss zielorientiert geplant und durchgeführt werden.« (NRW, S. 44)

5 »Die didaktische Analyse soll ermitteln, worin der allgemeine Bildungsgehalt des jeweils besonderen Bildungsinhaltes liegt.« Wolfgang Klafki (1962). Didaktische Analyse als Kern der Unterrichtsvorbereitung, in: H. Roth, A. Blumenthal (Hrsg.), Auswahl Reihe A, Heft 1 – Grundlegende Aufsätze aus der Zeitschrift »Die Deutsche Schule«: Didaktische Analyse (S. 5–34), Schrodel, Hannover.

6 Das Bonbonmodell sieht in der Phase der kontrollierten Problemlösung in der Regel eine Textarbeit vor. Diese ist aber nicht zwingend.

7 Rolf Sistermann, Unterrichten nach dem Bonbonmodell. Ein Musikvideo als Hinführung zur Reflexion über die Endlichkeit des Lebens (ab Klasse 8), in: ZDPE (Zeitschrift für Didaktik der Philosophie und Ethik), Siebert Verlag, Hannover 4/2008, S. 299–305.

8 Problem$_1$ → Vorläufige Theorie → Fehlerelimination → Problem$_2$

9 Hilbert Meyer, Leitfaden zur Unterrichtsvorbereitung, Cornelsen Verlag Scriptor, Berlin 1993, S. 153 (These 6.5).

10 »Die gestrige Meditation hat mich in so mächtige Zweifel gestürzt (...). Doch ich will den Mut nicht sinken lassen und noch einmal denselben Weg versuchen, den ich gestern gegangen war; ich will also alles aus dem Weg räumen, was auch nur den Schein eines Zweifels zulässt (...).« René Descartes, Anfang der 2. Meditation.

Viele Ideen, aber welches Problem? – Namen und ihre Bedeutung

1. Sich den Schülern vorstellen und den Namen an die Tafel schreiben. Danach den Schülern die Frage stellen, ob es **egal** sei, dass man seinen Namen angeschrieben habe oder einen falschen oder z. B. den Namen ›Willi Winzig‹. Der Name tut nichts zur Sache vs. der Name ist Teil der Persönlichkeit geworden, er repräsentiert sie, und der Name beeinflusst bewusst oder unbewusst unser Verhalten, wenn z. B. ein Lehrer ›Herr Denktnicht‹ hieße. Aber: Der Geburtsname wurde uns aber doch willkürlich zugewiesen. Ist er nicht nur ein Etikett, das man auch beliebig austauschen kann?

2. Wie wäre es, wenn wir alle statt unseres Vor- und Nachnamens eine Kenn-**Nummer** hätten, z. B. »Ich bin 34 89 78 09.« Vielleicht ist das ja nur eine Frage der Gewöhnung vs. Zahlen sind unpersönlicher als unsere Vor- und Nachnamen, die ja in der Regel auch etwas Bestimmtes bedeuten. (Sophia = Weise, Müller = alte Berufsbezeichnung.) Dagegen könnte man einwenden, dass wir schon längst in vielen Lebensbereichen nur noch Nummern sind: Personalausweis, Steuer-Nummer, Konto-Nummer. (*»Man wurde auch nie mit seinem Namen angesprochen, sondern war nur eine Nummer. Ich war Nummer 12055.«* – Birgit Schlicke, mit 19 Jahren zu 2 Jahren, 6 Monate Haft verurteilt [»landesverräterische Nachrichtenübermittlung«] im DDR-Gefängnis Hoheneck.)

3. Wenn wir keine Nummern sein wollen und der Name wirklich etwas über die Person aussagen sollte, dann müsste er ggf. mehrfach im Leben geändert werden – je nachdem, in welche Richtung man sich **entwickelt**. So könnte man als Kind vielleicht ›Läuft- schnell‹ heißen, als Jugendlicher ›Weiß-alles-besser‹ und als Erwachsener ›Hat-Erfolg‹– ähnlich wie ›Der-mit-dem-Wolf-tanzt‹. Führte das aber nicht zu einem Namen-Babel und würden wir damit nicht eine Person auf eine Eigenschaft für lange Zeit festlegen?

4. Und wenn wir uns unseren Namen **selbst** geben würden, wie es manche Künstler tun? Beispiele: Gerhard Höllerich → Roy Black / Udo Jürgen Bockelmann → Udo Jürgens / Victor Christoph-Carl von Bülow → Loriot. Das führt automatisch zu der Frage, warum sich Künstler überhaupt fremde Namen geben. Sie sollen ja offensichtlich bestimmte Erwartungen wecken und natürlich positive Assoziationen auslösen. Würden wir ein Auto kaufen, das ›Schrott‹ heißt, oder einen Schokoriegel, der ›Mist‹ heißt?

5. Sind Namen vielleicht doch **mehr** als ›Schall und Rauch‹? Warum suchen Bands oft monatelang nach einem passenden Namen? Warum gibt es Anzeigen, in denen man statt einer ›Putzfrau‹ eine ›Raumkosmetikerin‹ sucht? Warum heißt die ›Müllkippe‹ plötzlich ›Entsorgungspark‹? Könnte es sein, dass Eltern ihre Kinder entsprechend ihrem Namen erziehen? Also: Aus einer Eva soll eine bestimmte Art von

Frau werden, aus Otto ein ganz anderer Jungentyp als aus Maxi(milian)? Warum heißt »Raider« jetzt »Twix«?
In den absolutistisch regierten Staaten Mittel- und Nordeuropas wurde Ende des 18. Jahrhunderts damit begonnen, jüdische Bewohner als Bedingung für erweiterte Bürgerrechte zur Annahme eines unveränderbaren Familiennamens zu zwingen. Die Juden konnten ihre neuen Namen nicht immer frei wählen; so kam es in vereinzelten Fällen zu erniedrigenden oder beleidigenden Nachnamen (Trinker, Bettelarm, Maulwurf), die allerdings später meist wieder geändert werden durften.
6. Mit Namen **MACHT** über andere gewinnen: Odysseus und der einäugige Riese, dem sich Odysseus als ›Niemand‹ vorstellt. Nachdem er ihn geblendet hat, schreit der Riese um Hilfe und verbreitet, ›niemand‹ habe ihn geblendet.
Die Müllerstochter kann die böse Macht von Rumpelstilzchen brechen, als sie seinen Namen kennt; mit Hilfe des Namens kann man leicht(er) eine Person finden, identifizieren, ansprechen, erreichen; ein falscher Name + Titel (z. B. Doktorgrad) macht(e) es schon manchem möglich, Menschen als Arzt zu behandeln. Erst die Signatur eines Bildes verschafft diesem den entsprechenden Wert.

Roy Black hieß Gerhard Höllerich

Zentrales Lehrziel: Die Schülerinnen und Schüler sollen erkennen, dass Eigennamen eine wichtige Bedeutung haben bzw. gewinnen und dass wir mit ihrer Hilfe auch andere Menschen zu beeinflussen suchen.

Phase	Inhalt
1. Hinführung	Der Lehrer schreibt seinen Namen an die Tafel und fragt dann seine Schüler: »Spielt das für euch eigentlich eine Rolle, ob ich meinen richtigen Namen an die Tafel schreibe oder irgendeinen anderen bzw. die Nummer meines Personalausweises?« → Schüler
2. Problemstellung	»Sind unsere **Eigennamen** letztlich nur austauschbare Etiketten (Name = Schall und Rauch) oder haben sie eine (wichtige) Bedeutung für unser Leben bzw. uns als Person?«
3. Intuitive Problemlösung	Die Schüler sammeln Argumente für beide Positionen (und legen sich als Anwalt für eine der beiden Seiten fest). Die Argumente werden am Ende der Phase auf dem linken und rechten Tafel-Flügel stichwortartig festgehalten.
4. Kontrollierte Problemlösung	**+ Bedeutung:** • Name steht für die Person + ihre Arbeit = mit ihr unauflöslich verbunden • Bestimmte Namen → Erwartung an Namensträger / • Unverwechselbarkeit des Namens als Ausdruck von Identität ist unverzichtbar bei offiziellen Vorgängen = zugleich Anredeform • Name als Inbegriff für eine Sache (›Duden‹) • Ursprung der Namen verweist auf Charakter, Beruf usw. → sozial-historischer Kontext • Selbstverständnis spiegelt sich in bewusst gewähltem Künstlernamen **- Bedeutung:** • Das ist nur eine willkürliche Zuordnung • Eine bestimmte Erwartungshaltung ist problematisch • sind prinzipiell durch Zahlen ersetzbar und diese sind präziser • Markennamen können sich auch verselbstständigen. • Alte Berufsnamen oder Eigenschaftsnamen (Herr Fleißig) haben sich überlebt. • Künstlername verdrängt oft den Geburtsnamen • Künstlername nur Schein
5. Festigung	Gewichtung[1] der Argumente → Unsere Namen stehen ursprünglich in enger Beziehung zur Person (Herkunft, Beruf, Charakter) und gewinnen – selbst wenn sie zunächst willkürlich erscheinen – im Prozess der Ontogenese zunehmend an Bedeutung: Bedeutung des Namens für Person → Name = Person
6. Transfer/ Hausaufgabe	»Können wir mit Hilfe eines Namens auch Macht über einen anderen Menschen gewinnen?«→ Odysseus / Rumpelstilzchen Hausaufgabe: »Warum suchen manche Leute in Anzeigen nach einer Raumkosmetikerin statt nach einer Putzfrau?« Kennst du noch andere ähnliche Beispiele, die die gleiche Funktion haben?

1 Vgl. Modul 3.5, S. 56–59.

2.2 Minutenprotokoll

P

Philosophie-Unterricht ist wesentlich ein diskursiver Argumentationsprozess. Wenn er nach dem Prinzip ›tua res agitur‹[1] didaktisiert wird, d. h. wenn es dem Unterrichtenden ein Anliegen ist, seinen Schülern anschaulich und lebendig zu vermitteln (agitur), dass das behandelte philosophische Thema bzw. Problem (res) kein »abgehoben akademisches ist, sondern in seiner Allgemeinheit und Grundsätzlichkeit sie selbst [tua] betrifft«[2], ist es unverzichtbar, ihre in den einzelnen Unterrichtsphasen geäußerten Gedanken und Gefühle nicht nur ernst zu nehmen, sondern sie sowohl vor der Formulierung der Problemstellung als auch am Ende der Erarbeitungsphasen – im Sinne einer Zwischensicherung – ins Bewusstsein zu heben, um dadurch den Gesprächsverlauf zu akzentuieren und begrifflich zu fokussieren. Dies geht am einfachsten mit Hilfe eines Verlaufsprotokolls, dessen Anfertigung »zum Erlernen studienvorbereitender Arbeitstechniken«[3] gehört.
Schüler sehen darin eher eine lästige, zeitaufwändige Strafarbeit. Dem kann man aber einfach und erfolgreich dadurch entgegenwirken, dass man die Protokollniederschrift auf 10 Minuten beschränkt. Im Englischen gibt es dafür den passenden Begriff: ›Minutes‹[4]. Da diese Form des Protokolls wegen der Kürze der Zeit einen gut überschaubaren Verlaufsabschnitt des Unterrichtsgespräch abbildet, können sich vor allem die Minutes-Schreiber beim Vortrag ihrer Aufzeichnungen im Abstrahieren üben, wenn es darum geht, das eben Gesagte begrifflich auf den Punkt zu bringen und nicht nur einfach zu paraphrasieren. Dies gilt in besonderem Maße für die Formulierung der Problemstellung (2.1). Die Arbeit mit dem Protokollformat Minutes liefert dafür alle wichtigen Vor-aussetzungen, und es kann außerdem noch als Grundlage für ein später anzufertigendes Ergebnis-Protokoll bzw. ein Protokoll des Diskussionsprofils[5] verwendet werden.

3 x 10 Minuten

Einzelarbeit

- Die Arbeit mit den Minutes bietet dem Unterrichtenden viele Anlässe, (vor allem auch stillere) Schüler um Formulierungsvorschläge für das Protokoll zu bitten. Dadurch fordert man sie nicht nur zu einer bewertbaren Denk- und Darstellungsleistung heraus, sondern kann sie ggf. auch begrifflich und sprachlich fördern.
- Da es zum Protokollprinzip der Minutes gehört, immer auch den Namen des Schülers festzuhalten, der einen wichtigen Beitrag zum Unterrichtsgespräch geleistet hat, werden an drei Stellen der Stunde noch einmal explizit die Qualität von Schülerleistungen gewürdigt. Dies ist ein wichtiger Beitrag zum Erleben der Selbstwirksamkeit und motiviert nicht wenige Schüler genau deshalb zur verstärkten Mitarbeit.

- Mit den Minutes bekommt der Unterrichtende am Ende der Stunde eine gute Grundlage für eine differenzierte Leistungsbewertung an die Hand.

- Es hat sich bewährt, dem Protokollanten auch einen elektronischen Kurzzeitwecker, der nach dem Countdown-Prinzip funktioniert, auszuhändigen.
- Bei der Arbeit mit den Minutes fällt es Schülern in der Regeln am Anfang nicht leicht, sich bei der Präsentation des Protokolls vom Wortlaut der Diskussionsbeiträge zu lösen und den Sprung von der Paraphrase zur begrifflichen Abstraktion zu leisten. Hier hilft nur geduldige Hilfestellung.
- Den Minutes-Effekt kann man auch dadurch erzielen, dass man die Schülerbeiträge mit Namensnennung stichwortartig an der Tafel oder auf dem Overhead-Projektor dokumentiert.
- Es gibt immer wieder Unterrichtsphasen, die sich nicht oder nur schlecht in Form eines Kurzprotokolls dokumentieren lassen. Dies spricht aber grundsätzlich nicht gegen den Einsatz der Minutes.

---

1 Vgl. dazu Michael Wittschier, Einige praxisnahe Überlegungen zur Motivation im Philosophieunterricht an der Schule, in: Handbuch des Philosophie-Unterrichts, hrsg. von W. D. Rehfus, H. Becker, Schwann Verlag, Düsseldorf 1986, S. 342–351.

2 + 3 NRW-Lehrplan Philosophie, S. 30 + 71.

4 In der vorliegenden Form wurde es meines Wissens zum ersten Mal von Julia Wittschier für den Philosophie-Unterricht fruchtbar gemacht.

5 NRW-Lehrplan Philosophie, S. 71.

Karl Marx

Ökonomisch-philosophische Manuskripte aus dem Jahre 1844

(i) Tafelanschrieb: »Der Mensch ist [wie das Tier und die Pflanze] unmittelbar Naturwesen.« – Karl Marx 1844

(ii) »Als **Naturwesen** und als lebendiges **Naturwesen** ist er teils mit ***natürlichen Kräften***, mit *Lebens**kräften*** ausgerüstet, ein tätiges **Naturwesen**; diese **Kräfte** existieren in ihm als Anlagen und Fähigkeiten, als ***Triebe***; teils ist er als **natürliches**, leibliches, sinnliches, **gegenständliches Wesen** ein ***leidendes***, **bedingtes** und **beschränktes Wesen**, wie es auch das Tier und die Pflanze ist, d. h. die ***Gegenstände*** seiner **Triebe** existieren außer ihm, als von ihm unabhängige **Gegenstände**, aber diese **Gegenstände** sind **Gegenstände** seines *Bedürfnisses*, zur Betätigung und Bestätigung seiner ***Wesenskräfte*** unentbehrliche, **wesent**liche ***Gegenstände***.«

Karl Marx, Ökonomisch-philosophische Manuskripte aus dem Jahre 1844, in: Karl Marx, Friedrich Engels Werke. Band 40, Dietz Verlag, Berlin 1990, S. 578.

Welche Begriffe spielen in diesem Abschnitt eine besonders wichtige Rolle?

(iii) Wodurch unterscheiden sich die Begriffe ›Betätigung‹ und ›Bestätigung‹ mit Blick auf das gegenständliche Naturwesen Mensch, seine Kräfte und sein ›Leiden‹?

Minutes – Beispiel-Protokoll

Datum: 3.5.10	**Gegenstand:** Karl Marx – Mensch als Naturwesen (Pariser Manuskripte)	**Philosophie 11.2**
Protokollant/in	**THEMEN-BEITRAG**	Mitschüler/in
Klaus (i) (ii) (iii)	• Mensch, Tier und Pflanze stehen als Naturwesen auf derselben Stufe. • Mensch, Tier und Pflanze haben alle einen natürlichen Ursprung und werden auch von der Natur umsorgt. • Mensch, Tier und Pflanze sind alle von der Natur abhängig. Sie brauchen Sauerstoff, Lebensmittel, Wärme usw. • Unmittelbar könnte heißen, dass wir als Menschen bei unserer Geburt zunächst nur auf natürliche Reize reagieren. • Die Begriffe, die am häufigsten im Text auftauchen, sind Natur, Gegenstände, Kraft und Wesen. • An einer Stelle nennt Marx drei ähnliche Begriffe für Einschränkungen: leidend, bedingt, beschränkt. • Ich glaube, Marx meint, dass wir ohne Gegenstände nichts erreichen können. Ich meine Lebensmittel und Wasser und so. • Das mit dem Leiden kann nicht medizinisch gemeint sein, sondern meint eher die Abhängigkeit von den Dingen. • Und das ist gilt ja auch für die Naturwesen Pflanze und Tier. Die brauchen ja auch Wasser und Luft zum Leben, sonst sterben die ja. • Wenn ich eine Pizza esse, muss ich kauen und schlucken, mich also betätigen. Und indem ich eine ganze Pizza aufesse, sehen die anderen, dass ich wirklich so viel Hunger hatte. Also das wird dadurch auch bestätigt.	Sven Justus Kirsten Johannes Kira Sven Marian Uwe Özlem

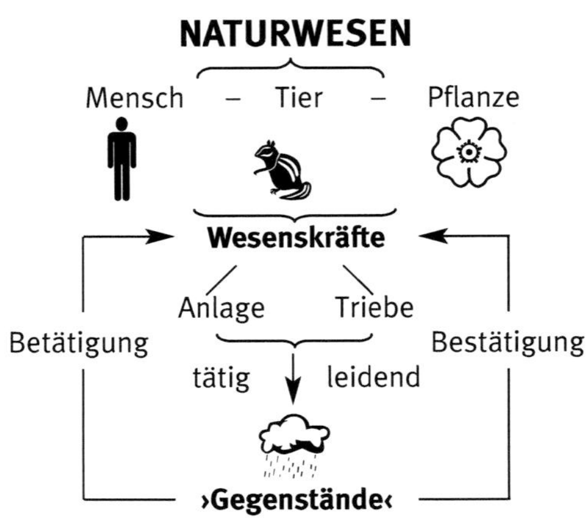

3.1 Gedankenanreger

IP

Das Formulieren passgenauer Arbeitsaufträge zu Beginn einer Arbeitsphase gehört zu den Standard-Unterrichtssituationen und macht nicht nur Anfängern im Lehrerberuf oft noch Probleme. Da Schüler mit Hilfe eines Arbeitsauftrages etwas ganz Bestimmtes tun sollen, »muss [er] also handlungsorientierend sein. Abstrakte Arbeitsaufträge (›Machen Sie sich Gedanken über …‹, ›Versuchen Sie, das Problem … zu lösen, wie …‹) sind (…) in aller Regel eine Überforderung«.[1] Eine von Rolf Dubs entwickelte Checkliste zur Fragetechnik (vgl. S. 30[2]) bietet auch für die optimale Formulierung von Arbeitsaufträgen wichtige Hilfestellungen und entsprechend ihren Kriterien müsste man folgende Frage eindeutig mit Ja beantworten können: Ist es mir gelungen, eine kurze, klar und eindeutig formulierte Aufgabe zu stellen, die ohne weitere Erklärungen zielführend Denkprozesse in Gang setzt bzw. konkrete Handlungsanweisungen zum Umgang mit einem diskursiven oder repräsentativen Material beinhaltet?

Dies allein begründet allerdings noch keine (im wahren Sinn des Wortes) animierende, d. h. begeisternde Aufgabenkultur. Denn es geht letztlich nur um die Optimierung der altbekannten Standardaufgabenstellungen »Was fällt dir (spontan) dazu ein?« und »Erfasse kurz mit eigenen Worten das Wesentliche des Problems bzw. Textes!«

Wie man mit Hilfe ungewöhnlicher Fragen Menschen auf (ganz) neue Ideen bringt, kann man von Fachleuten lernen, deren Berufsalltag sich um das Innovieren dreht, z. B. in der Werbebranche. Die im Folgenden vorgestellten ›Gedanken-Anreger‹ basieren auf einem Ideenfächer der Ideen-Trainerin Anja Ebertz,[3] wurden aber sämtlich unter didaktischer Perspektive inhaltlich neu formuliert.

10–15 Minuten

Plenum

- Die große Menge an interessanten Gedankenanregern stellt den Unterrichtenden hoffentlich vor die Qual der Wahl. Ihre attraktiv klingenden Namen sollten natürlich nicht zu schöner, reiner Gedankenspielerei verleiten. Man muss sich mit Blick auf die Problemstellung bzw. den zu bearbeitenden Text schon sehr genau überlegen, welche der Methoden zielführend ist, den Schülern Lernfreude vermittelt und hoffentlich viele, bedenkenswerte Ergebnisse evoziert.
- Viele der hier genannten Aufgaben eignen sich sowohl für die Bearbeitung von leitenden Fragestellungen als auch von Texten.

- Es spricht nichts dagegen, auf der Grundlage einer bestimmten Vorauswahl Schüler selbst entscheiden zu lassen, welchen Gedankenanreger sie verwenden möchten. Die dadurch provozierte Multiperspektivität ist für die intensive Auseinandersetzung mit der Problemstellung eher förderlich als hinderlich.
- Die meisten der hier vorgestellten Methoden können natürlich auch Gewinn bringend in der ›Erarbeitungsphase II‹ oder zum Transfer eingesetzt werden.
- Falls Schüler mit einer bestimmten Aufgabenstellung Probleme haben, weil ihre Handlungsanweisung z. B. nicht konkret genug ist, sollte man sich die dazu gestellten Fragen und Einwände am besten sofort notieren und auf dieser Grundlage die Aufgabenstellung für einen späteren Einsatz optimieren.

---

1 Hilbert Meyer, Unterrichtsmethoden II: Praxisband, Cornelsen Scriptor Verlag, Berlin [12]2007, S. 257 f.

2 Aus: Rolf Dubs, Lehrerverhalten, Franz Steiner Verlag, Stuttgart 2009, S. 135.

3 Anja Ebertz, Ideenrausch. 111 Impulse für neue Ideen, Lardon, ISBN: 987–3–89769-073–8.

ABENTEUER	**Verwickle den Leitgedanken in ein Abenteuer!**
AKTION	**Mach deinem Motiv Beine! Wie sähen sie aus? Welche Rolle würden sie spielen?**
BLAUES WUNDER	**Wie würde ein blaues Wunder aussehen, wenn es um die Fragestellung geht?**
BLOND	**Was wäre, wenn der Leitgedanke ein menschliches Wesen wäre? Wie sähe es aus? Was würde es tun?**
CARTOON	**Peanuts, Garfield, Superman – Wie würden sie mit dem Problem umgehen?**
CASH	**Was wäre, wenn Geld (k)eine Rolle spielen würde?**
CHILI	**Welcher Gedanke gibt dem Ganzen ›Pfeffer‹ und macht es brisant?**
CHINESISCH	**Welche Sprache spricht dein Problem?!**
DONALD DUCK	**Wie würde sich dein Problem, deine Frage verändern, wenn Donald Duck eine wichtige Rolle dabei spielen würde?**
DSCHINNI	**Der Geist aus Aladins Wunderlampe schenkt dir drei Wünsche.**
EINZELTEILE	**Was geschieht mit deinem Thema oder Text, wenn es bzw. er in seine Einzelteile zerlegt würde?**
EXKLUSIV	**An wen würdest du dich mit deinem Problem bzw. mit deiner Frage am ehesten richten?**
EXPLOSIV	**Welche Aspekte deines Themas haben es in sich?**
	Was könnte für Unruhe oder Streit sorgen? Lassen sich dabei auftretende Gegenargumente sinnvoll entkräften?
EXPRESS	**Welche Rolle spielt die Zeit für deine Fragestellung?**
FAVORIT	**Wie heißt dein Lieblingswort bei diesem Thema bzw. in diesem Text?**
FOTOTAPETE	**Palmenstrand, Wasserfall, Berge – Welches Bild verbindest du mit dem Thema oder Problem?**
FREMD	**Welche Rolle spielt das Fremde bei deinem Problem?**
FROSCHKÖNIG	**Welches Märchen fällt dir spontan ein, wenn du an dein Thema bzw. dein Problem denkst?**
GERNE	**Was an deinem Thema bzw. deiner Fragestellung macht dir Vergnügen?**
HAND UND FUSS	**Was an deinem Thema bzw. deiner Idee wäre die Hand, was der Fuß?**
HARIBO	**HARIBO steht für Hans Riegel, Bonn –** **Mit welchem Kürzel könnte man die wesentlichen Aspekte des Themas bzw. Textes auf eine einprägsame Formel bringen? Mit welchem Bild würdest du diese Formel am ehesten verbinden?**
HAPPY END	**Was wäre die ideale Lösung für das bzw. dein Problem?**
IDOL	**Suche dir ein Vorbild für den zentralen Gedanken!**
INNENANSICHT	**Was wäre, wenn das Thema sprechen könnte?**
JETZT	**Was wäre, wenn du jetzt sofort eine Lösung für das zur Sprache gebrachte Problem präsentieren müsstest?**
JINGLE	**Mit welcher Tonfolge oder kurzen Melodie würdest du das Thema bzw. die Fragestellung untermalen?**
KINDERGARTEN	**Was würde ein Kind sofort verstehen? Was müsste man ihm genau(er) erklären?**
SPRICHWORT	**Welches Sprichwort bzw. welche Redewendung fällt dir sofort zu deinem Thema ein?**

LEITER	**Was siehst du anders, wenn du auf einer ›Leiter‹ stehen und dein Thema von oben betrachten würdest?**
LUPE (+ REZEPT)	**Lege deine Gedanken unter ein Vergrößerungsglas! (Art und Stärke der Argumente?)**
MOTTO	**Welches Motto trifft den Kern des Themas?**
	Welcher Aspekt wird dadurch ins Zentrum der Aufmerksamkeit gerückt?
MULTICOLOR	**Uni oder multicolor? Mit welchen Farben würdest du welche Begriffe colorieren?**
NACHRUF	**Verfasse einen Nachruf auf den Leitgedanken!**
	Wofür danken? Was ist noch offen?
OHNE ALLES	**Was bleibt übrig, wenn man auf alle ›Zutaten‹ verzichtet? Was ist das Wesentliche?**
ORAKEL VON DELPHI	**Welche Sagen, Legenden und Mythen fallen dir zu dem Leitgedanken bzw. der leitenden Fragestellung ein?**
PANTOMIME	**Wie lässt sich die Frage ohne Worte darstellen?**
PERSÖNLICH	**Wie wichtig ist die Frage bzw. die Antwort auf die Frage für deinen Alltag?**
PUBLIKUM	**Wie würden die Menschen auf diese Theorie, dieses Thema bzw. diese Fragestellung reagieren?**
REIM	**Was reimt sich auf deine Frage bzw. das Thema?**
REZEPT	**Wie müsste man die Aspekte gewichten bzw. die verwendeten einzelnen Begriffe und Argumente in Gramm und Kilogramm ausdrücken?**
SCIENCE FICTION	**Verlagere dein Problem, deine Fragestellung in die Zukunft!**
SEITENWECHSEL	**Wie verändert sich dein Blick auf das Geschehen, das Thema, die Fragestellung, wenn du es bzw. sie mit den Augen deines Gegenübers betrachtest?**
SELBST-VERSTÄNDLICH	**Was an dem Thema bzw. der Fragestellung ist eigentlich ganz selbstverständlich?**
SPION	**Was an dem Thema und Problem ist so wichtig, dass man es geheim halten sollte?**
SYMBOL	**Finde ein Symbol für das Thema oder Problem!**
TABU	**Was wurde wohl im Zusammenhang mit dem Thema oder dem Problem noch nie gesagt oder auch gedacht?** **Mit welchen provokanten Aussagen könnte man die Aufmerksamkeit auf zentrale Gedanken lenken?**
TASCHENLAMPE	**Worauf würdest du den Strahl einer Taschenlampe bei deinem Thema oder dem Text richten?**
TIERISCH	**Was haben Tiere mit dem Thema bzw. der Frage zu tun?**
TOOLS	**Welche(s) Werkzeug(e) symbolisiert/en die Fragestellung bzw. deine Ansicht von der Sache?**
UNSICHTBAR	**Was wäre, wenn die Thematik bzw. die Frage sich nicht in schriftlicher oder mündlicher Form sichtbar bzw. hörbar machen ließe?**
VERBOTENE LIEBE	**Wie lässt sich das Thema bzw. die Fragestellung in einer Seifenoper in Szene setzen?**
WIDERSPRUCH	**Widersprich den bisher geäußerten Meinungen bzw. der Ansicht des Textes!**

John Rawls

Grundsätze der Gerechtigkeit

Wir wollen uns (...) vorstellen, dass diejenigen, die sich zu gesellschaftlicher Zusammenarbeit vereinigen wollen, in einem gemeinsamen Akt die Grundsätze wählen, nach denen **Grundrechte und -pflichten** und die **Verteilung der gesellschaftlichen Güter** bestimmt werden. Die Menschen sollen im Voraus entscheiden, wie sie ihre Ansprüche gegeneinander regeln wollen und wie die Gründungsurkunde ihrer Gesellschaft aussehen soll. (...)
Zu den wesentlichen Eigenschaften dieser Situation gehört, dass niemand seine Stellung in der Gesellschaft kennt, seine Klasse oder seinen Status, ebenso wenig sein Los bei der Verteilung natürlicher Gaben wie Intelligenz oder Körperkraft. Ich nehme sogar an, dass die Beteiligten ihre Vorstellung vom Guten und ihre besonderen psychologischen Neigungen nicht kennen.

John Rawls, Eine Theorie der Gerechtigkeit. Aus dem Amerikanischen von Hermann Vetter. © der deutschen Ausgabe Suhrkamp Verlag, Frankfurt am Main 1979, zit n. stw 271, S. 28.

Leitende Fragestellung bzw. Problemstellung:

Wie sehen nach deiner / eurer Vorstellung die Grundsätze einer gerechten Gesellschaft aus, »nach denen Grundrechte und -pflichten und die Verteilung der gesellschaftlichen Güter bestimmt werden«?

Vorschläge für Gedankenanreger

TOOLS	**Welche(s) Werkzeug(e) symbolisiert/en die Fragestellung bzw. deine Ansicht von der Sache?**
VERBOTENE LIEBE	**Wie lässt sich das Thema bzw. die Fragestellung in einer Seifenoper in Szene setzen?**
EXPLOSIV	**Welche Aspekte deines Themas haben es in sich? Was könnte für Unruhe oder Streit sorgen? Lassen sich dabei auftretende Gegenargumente sinnvoll entkräften?**

3.2 Gedankenaustausch

IP

Man könnte glauben, dass das Grundprinzip des kooperativen Lernens, die Think-Pair-Share-Methode[1], von Sokrates entwickelt worden sei, denn sein Lebensweg folgt exakt den drei großen Schritten Denken (mit dem Resultat: *»Von Weisheit kann ich nicht die geringste Spur in mir finden.«*), dem argumentativem Austausch mit Politikern, Dichtern und Handwerkern (mit dem Resultat: *»Diesem Mann bin ich allerdings an Weisheit überlegen; (...) was ich nicht weiß, bilde ich mir auch nicht ein zu wissen.«*) und Bekanntmachung seiner jahrelangen Forschungsergebnisse (in der Verteidigungsrede vor 501 Richtern: *»Derjenige unter euch, ihr Menschen, ist der weiseste, der wie Sokrates erkannt hat, dass sein Weisheit in Wahrheit keinen Heller wert ist.«*).
Obwohl sich das kooperative Lernen als sinnvolle Alternative zur problematischen ›Osterhasendidaktik‹, »bei der die Lehrpersonen ihr Wissen verstecken, um es von den Lernenden suchen zu lassen«[2], und die oft unbefriedigende Gruppenarbeit nach dem Muster **T**oll, **e**in **a**nderer **m**acht's[3], versteht, erfüllt die Think-Pair-Share-Methode sowohl mit ihrem Anspruch auf »individuelle Denkzeit«[4] als auch der vorbereiteten öffentlichen Diskussion von Denkergebnissen optimal die Anforderungen einer Philosophiedidaktik, die sich einerseits »dem Geist der Aufklärung und der Vernunftkultur verpflichtet«[5] fühlt und andererseits »Fragestellungen der Schülerinnen und Schüler zum Ausgangspunkt von Lernprozessen«[6] machen will.
Das kooperative Lernprinzip löst damit auch Kants Forderungen nach zwangsfreier (selbst denken), liberaler (sich an die Stelle jedes anderen denken) und folgerichtiger Denkungsart (jederzeit mit sich selbst einstimmig denken)[7] ein.
Die Think- und die Pair-Phase lassen sich mit Hilfe der Schreibgitter-Methode Gewinn bringend miteinander verbinden. Jeweils vier Schüler notieren in einem A–3-Quadranten ihre ersten Überlegungen (Einzelarbeit), vergleichen anschließend ihre individuellen Ergebnisse und halten die gemeinsamen Begriffe, Fragen und Hypothesen im zentralen Mittelfeld fest (Gruppenarbeit). In der sich anschließenden Share-Phase (kontrollierte Problemlösung) stellen die einzelnen Gruppen dann ihre Ergebnisse im Plenum vor und setzen sich argumentativ mit den Ansichten ihrer Mitschüler auseinander.

20–30 Minuten

Einzelarbeit → Partnerarbeit → Plenum

- Die Think-Pair-Share-Methode verbindet ganz organisch verschiedene Sozialformen und fördert neben der Methodenkompetenz und der Kommunikationsfähigkeit die Weiterentwicklung der persönlichen Verantwortung für das soziale Miteinander.
- Think-Pair-Share lässt sich fast in jeder Philosophiestunde mit Gewinn ein-

setzen – in verkürzter Form auch schon in der Hinführung zur Problemstellung. Aus der Pair-Phase wird dann ein 1- bis 2-minütiges Partnergespräch.

- Je nach Hinführungsimpuls wird der Think-Phase noch eine Listen-Phase vorgeschaltet, z. B. wenn man den Schülern ein Dilemma vorstellt oder ein Gedankenexperiment.
- Zwischen Pair- und Share-Phase kann man ggf. auch noch eine Square-Phase einfügen, bei der zwei Schülertandems sich zu einem Lernquartett verbinden und sich gegenseitig ihre Arbeitsergebnisse vorstellen.
- Damit immer wieder neue Tandems in der Pair-Phase zusammenarbeiten, kann man mit Hilfe von zwei identischen Kartenspielen oder einem Twins-Memory[8] entsprechend viele ›Zwillings-Paare‹ austeilen; bei ungerader Schülerzahl müsste man von einem Kartenwert Drillinge in Umlauf bringen.

---

1 www.kooperatives-lernen.de

2 + 3 Diethelm Wahl, Lernumgebungen erfolgreich gestalten. Vom trägen Wissen zum kompetenten Handeln, 2. erweiterte Auflage, Verlag Julius Klinkhardt, Bad Heilbrunn 2006, S. 140 + 174.

4 Ludger Brüning/Tobias Saum, Erfolgreich unterrichten durch kooperatives Lernen. Strategien zur Schüleraktivierung, Neue Deutsche Schule Verlagsgesellschaft, Essen 2009, S. 15.

5 + 6 Richtlinien und Lehrpläne für die Sekundarstufe II – Gymnasium/Gesamtschule in Nordrhein-Westfalen, Philosophie, hrsg. vom Ministerium für Schule und Weiterbildung, Wissenschaft und Forschung des Landes Nordrhein-Westfalen, Düsseldorf 1999, S. 5 + 27 (Lehrplan).

7 Immanuel Kant, Anthropologie in pragmatischer Hinsicht, Suhrkamp Theorie Werkausgabe, Bd. XII, Frankfurt a. M. 1964, S. 549.

8 Twins Memory Game, BIS Publishers, Amsterdam, ca. 15 Euro.

1. Stunde zum Thema ›Was ist eigentlich Moral?‹

»Warum habe ich bis heute noch keinen Menschen getötet?«

Schreibgitter-Gruppe 1: Ergebnis Think- + Pair-Phase

- in Gedanken schon
- Was passiert dann?
- Töten ist böse.

- Hatte bis heute noch keinen Grund
- Ich will nicht ins Gefängnis

- Angst vor Strafe
- kein triftiger Grund
- weil die Moral es verbietet

- Das wäre eine Todsünde!
- Mein Gewissen würde mich danach zu Tode quälen.

- Ich möchte auch nicht getötet werden
- Dafür fehlte mir bisher das Motiv

Schreibgitter-Gruppe 2: Ergebnis Think- + Pair-Phase

- Schon in der Bibel steht: Du sollst nicht töten!
- Das kann man nie wiedergutmachen.

- Das würde auch anderen Leid zufügen, z. B. der Familie.
- Das wäre unmoralisch

- unmoralisch
- weil es mit Gefängnis bestraft wird
- weil ich auch nicht getötet werden möchte

- Irgendjemand könnte sich dann an mir rächen.
- Mörder können lebenslang bekommen.

- Das darf man doch gar nicht!!
- Das verbietet mir mein Gewissen.

Vorschlag für ein Tafelbild (Begriffsnetz) als Ergebnis der Share-Phase

Tatsachen	NORMEN	
SEIN	SOLLEN	
wahr/falsch	gut/böse	(nicht) strafbar
↑	↑	↑
Psychologie	Moral	Recht

verstehen	beurteilen	verurteilen

3.3 Doppelherz

IP

Man kann bereits zu Beginn der Hinführungsphase die vorhandenen und noch fehlenden Lernvoraussetzungen und/oder Interessen bzw. Erwartungen der Schüler mit Hilfe verschiedener Methoden erfassen und publik machen: Bewährt haben sich hier vor allem das Blitzlicht (als mündlich verlautbartes Ein-Satz-Statement jedes Schülers), die Schreibkette, bei der Schüler ihnen wichtig erscheinende Aspekte eines Themas innerhalb kurzer Zeit – entsprechend ihrer Sitzordnung (Wand- oder Fensterseite des Raums) – auf dem linken und rechten Tafelflügel mit Hilfe eines Kreidestücks, das wie ein Staffelstab weitergegeben wird, festhalten, und die Vernissage, bei der die Schüler mit Hilfe von Klebepunkten ihre bevorzugten Fragestellungen auf einem vorgegebenen Themenkatalog markieren können.
Als Alternative zur Schreibkette bietet sich eine bestimmte Form der Kartenabfrage[1] an: die ›Doppelherz‹[2]-Methode.
(i) Hierbei hält jeder Schüler den für ihn wichtigsten Begriff oder Aspekt eines Themas auf einer Karteikarte im Format A-5 oder A-6 fest – und zwar gleich zweimal.
(ii) Die Hälfte der Begriffskarten wird von den Schülern unsortiert auf der linken Tafelhälfte fixiert, die andere Hälfte auf der rechten Tafelhälfte.
(iii) Die Schüler verständigen sich dann in zwei gleich großen Gruppen an der Tafel gemeinsam darauf, wie die Begriffe für sie sinnvoll angeordnet werden sollen; die mehrfach genannten Begriffe kann man dabei entweder aussortieren oder als mehrfach genannt (durch Unterstreichung) hervorheben.
(iv) Abschließend stellen Vertreter der beiden Arbeitsgruppen die Ergebnisse ihrer ersten begrifflichen Auseinandersetzung im Plenum vor.

15–20 Minuten

Einzelarbeit → Gruppenarbeit → Plenum

- Alle Schüler sind in gleicher Weise gefordert, themenrelevante Begriffe zu nennen und diese in einen sinnvollen Zusammenhang zu bringen.
- Selbst bei Kursgrößen von ca. 30 Schülern ist mit Hilfe der Doppelherz-Methode noch sinnvolles Zusammenarbeiten vor der Tafel möglich.
- Gegenüber der Schreibkette erleichtert das Fixieren der relevanten Begriffe auf Karton ganz erheblich das spätere Sortieren und Umgruppieren.
- Die Doppelherz-Methode erlaubt nicht nur die simultane Erarbeitung von zwei vorläufigen Begriffsnetzen (→ 3.6), sondern lädt dadurch in der Vorstellungsphase (iv) auch zum direkten Vergleich von unterschiedlichen Arbeitsergebnissen ein.

- Die Länge des kleinen Fingers liefert das anthropologische Idealmaß für die richtige Buchstabengröße für gut lesbare Schrift auf Karten, Plakaten oder an der Tafel.
- Die Doppelherz-Methode lässt sich organisch mit der in 3.6 vorgestellten Methode zur Begriffsdefinition verbinden.
- Wer die manchmal nervige Arbeit mit Klebestreifen an der Tafel vermeiden möchte, kann die Schüler die Begriffe auch auf Papier schreiben lassen. A–5-Zettel lassen sich auf einer so genannten Easy-Flip-Folie[3] ohne Klebstoff fixieren und verschieben.

---

1 Vgl. dazu z. B.: Diethelm Wahl, Lernumgebungen erfolgreich gestalten. Vom trägen Wissen zum kompetenten Handeln, Verlag Julius Klinkhardt, Bad Heilbrunn 2006, S. 133 + 291.
2 Der Name leitet sich vom erstmaligen Einsatz der Methode beim Thema Liebe ab.
3 LEITZ, EasyFlip, selbsthaftend durch elektrostatische Ladung, ist beschriftbar.

Thema LIEBE – Klasse 8–11

Robert Indiana

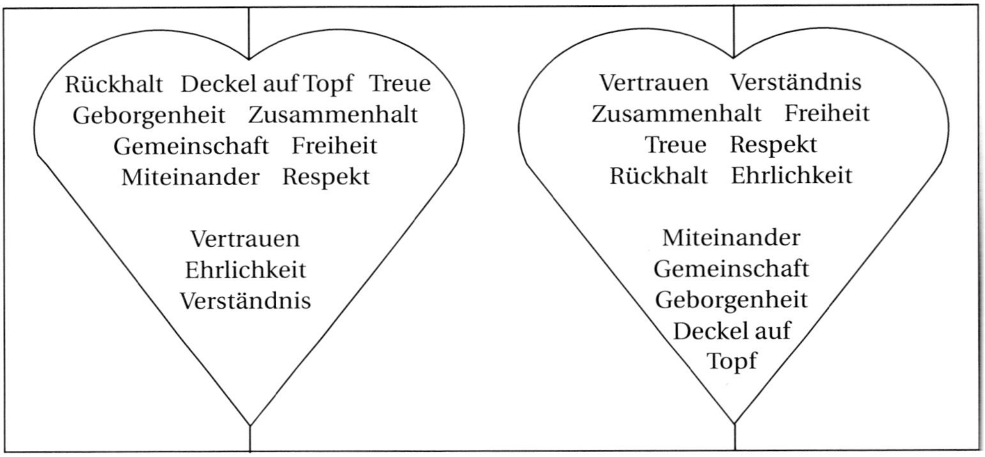

noch unsortierte Schlüsselbegriffe auf den beiden Tafelhälften

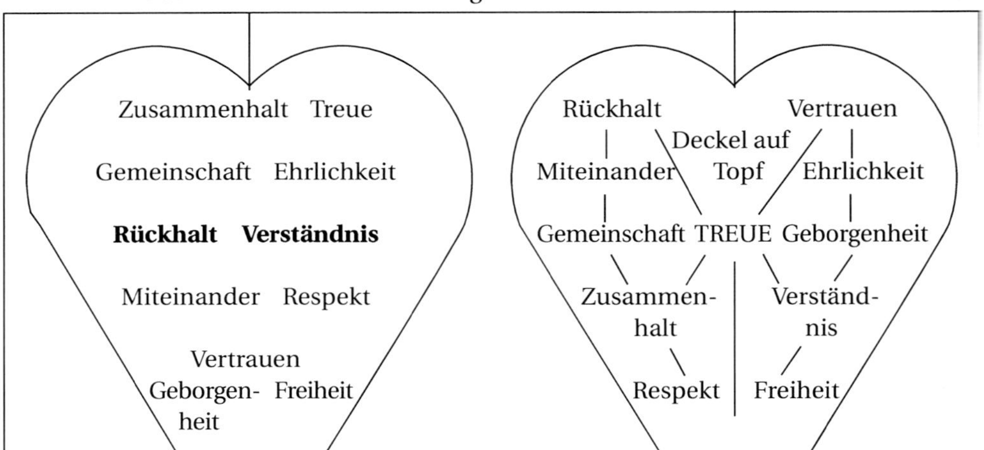

Beispiel für die erste begriffliche Auseinandersetzung von zwei Arbeitsgruppen

,11'

3.4 11er-Essenz

IP

Während bei der Doppelherz-Methode (3.3) der einzelne Schüler nur einen, für ihn besonders wichtigen Themenaspekt in den Blick nimmt und veröffentlicht, eröffnet das Schreiben eines Kurztextes einen umfassenderen, reflexiv anspruchsvolleren Zugang zu einer vorgegebenen Fragestellung. Wegen seiner begrifflichen Dichte und der auf einfachen Regeln basierenden Form bietet sich für den Einsatz in der Phase der intuitiven Problemlösung des Philosophieunterrichts vor allen anderen die Textsorte ›11er‹[1] an.
Auf der Grundlage einer Mindmap sollen die Schüler mit insgesamt nur 11 Worten in der 1. Zeile ihres Textes das Thema bzw. einen für sie besonders relevanten Themenaspekt mit nur einem Wort benennen, in der 2. Zeile mit zwei Worten ganz kurz darlegen, was der Themenbegriff bedeutet oder ›macht‹, um ihn dann in der 3. Zeile mit drei Worten näher zu charakterisieren. In der 4. Zeile gilt es, mit vier Worten eine Stellungnahme zum Thema zu formulieren, um schließlich in der 5. Zeile ein Einwort-Fazit zu ziehen.
Die so entstandenen Begriffs-Positionierungen laden dazu ein, im Plenum miteinander verglichen, erläutert, diskutiert und begrifflich aufeinander bezogen zu werden. Das Wechselspiel von Frage und Antwort – z. B. zwischen der linken und rechten Hälfte der Lerngruppe – kann dabei sukzessive alle Schüler mit ins Gespräch bringen (wer schon gefragt oder geantwortet hat, gibt das Wort weiter); dem Unterrichtenden fällt die Rolle eines ›Souffleurs‹ zu, der auf Wunsch Stichworte für noch nicht gestellte Fragen anbietet.
Am Ende dieser Unterrichtsphase steht – auf der Grundlage des Minutenprotokolls (2.2) – eine erste, vorläufige Standortbestimmung, die sich in der anschließenden Phase der kontrollierten Problemlösung mit Hilfe einer philosophischen Position kontrastieren lässt.

30–45 Minuten

Einzelarbeit → Plenum

- Interessante 11er-Texte entstehen auch dann, wenn man nur die Formalvorgabe für die Anzahl der Worte in den fünf Zeilen macht: 1 + 2 + 3 + 4 + 1
- Da es selbst in Klassen oder Kursen mit 30 und mehr Schülern noch möglich ist, die verfassten 11er-Texte im Format A-5 an der Tafel zu veröffentlichen, sind schon nach kurzer Zeit alle Schüler mit wenigen, eigenen Worten mit ihrer Meinung permanent im Plenum präsent.
- Die Fülle der veröffentlichten 11er-Essenzen bietet ständig neue Gesprächsanlässe. Man muss sie nur wahrnehmen, aber deshalb fällt ja auch dem Unterrichtenden die Rolle des ›Einflüsterers‹ zu.

- Die 11er-Texte kann man auch über einen längeren Zeitraum als thematische Orientierungspunkte und sichtbaren Ausdruck gedanklicher Kontinuität im Kursraum hängen lassen.
- Das Akrostichon[2] und das Haiku sind grundsätzlich interessante Alternativen zum 11er-Text, engen die schreibenden Schüler aber einerseits inhaltlich (vorgegebene Anfangsbuchstaben beim Akrostichon) und andererseits formal (Silbenzahl beim Haiku) bei der Gedankenformulierung im Kontext der intuitiven Problemlösung stark ein.
- Die Länge des kleinen Fingers liefert das anthropologische Idealmaß für die richtige Buchstabengröße für gut lesbare Schrift auf Karteikarten, Plakaten oder an der Tafel. (3.2)

---

1 Den dafür sonst gebräuchlichen Namen ›Elfchen‹ aus dem Bereich der Grundschuldidaktik finde ich wie viele meiner erwachsenen Schüler (im Kontext des Philosophieunterrichts) etwas albern. Der Begriff ›11er‹ entspricht wegen seiner Nähe zum Teamgedanken (Fußballmannschaft) doch eher der Lebenswirklichkeit von Jugendlichen.

2 Hier sollen zu einem vorgegebenen Begriff »weitere sinnergänzende Begriffe mit den Buchstaben des ersten Begriffs gefunden« werden: vgl. dazu: Barbara Brüning, Philosophieren in der Sekundarstufe. Methoden und Medien, Beltz-Verlag, Weinheim-Basel-Berlin 2003, S. 93.

3 Beim Haiku, der kürzesten Gedichtform der Welt, verwendet man in der 1. Zeile 5 Silben, in der 2. Zeile sieben und in der 3. Zeile wieder fünf Silben. (Beispiel: Die Sonnenblume / weint schwarze Tränen im Herbst / für's Grün unterm Eis.)

11er-Essenz: Thema TOD

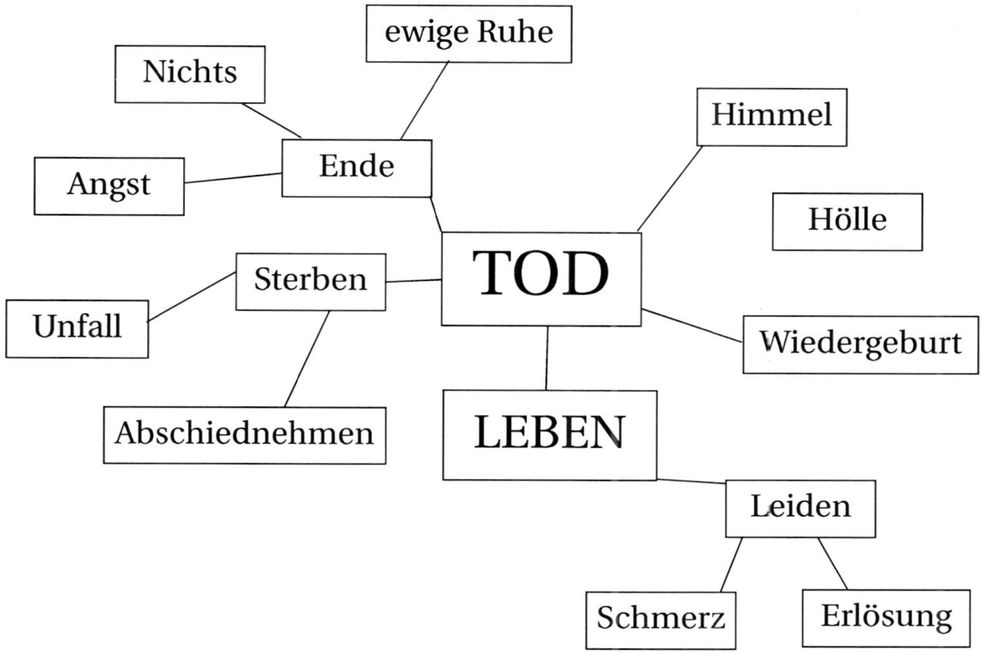

Tod
Lebens-Ende
aus und vorbei
Das macht mir Angst
Nichts

Sterben
Abschied nehmen
Zur Ruhe kommen
Das Ende allen Leidens
Erlösung

Tod
Zwei Gesichter
Leben und Tod
Ohne Leben kein Tod
Weiterleben

»Leben und Tod gehören untrennbar zusammen. Obwohl die Menschen nichts über den Tod wissen, haben viele Angst vor ihm. Mit dem Tod enden nicht nur alle Freuden des Lebens, sondern zum Glück auch alle Leiden.«

3.5 Begriffsverortung

IP

Es ist kein Problem, dass Schüler mit Hilfe einer Mindmap oder der schon angesprochenen Methoden in 3.2 (Blitzlicht, Schreibkette, Kartenabfrage) in relativ kurzer Zeit viele interessante Begriffe mit einem Thema oder einer Problemstellung in Verbindung bringen.
Was aber soll man tun, damit aus dieser Anhäufung, diesem »bloßen Aggregat von Wahrnehmungen«[1] und ersten Überlegungen begriffliche »Sinn- und Sachzusammenhänge«[2] entstehen?
Einen ersten wichtigen Schritt in diese Richtung kann man mit der Doppelherz-Methode (3.2) gehen, bei der die Schüler – nach noch nicht thematisierten Kategorien – die zufällig genannten Begriffe in einen – subjektiv konstruierten – Zusammenhang bringen.
(i) Da jede Begriffsbestimmung zugleich den Ausschluss anderer, ihr ähnlicher oder entgegengesetzter Begriffe bedeutet,[3] nähert man sich dem sachlogisch bestimmten Begriffszusammenhang einer Thematik (Begriffsfeldern), indem man die genannten Begriffe nach den Hinsichten ›Ähnlichkeit‹ und ›Opposition‹ ordnen und anschließend kategorisieren lässt.
(ii) Damit erarbeiten sich die Schüler zugleich eine gute Voraussetzung für ein Begriffsnetz[4] und führen so sich selbst vor Augen, »dass Begriffsinhalte Netzcharakter haben und dass diese Netze ihrerseits mit den Nachbarbegriffen und schließlich mit dem gesamten Weltbild des Begriffsbildenden zusammenhängen.«[5] Wie das folgende Beispiel zeigt, spielen bei einem Begriffsnetz – im Gegensatz zu einer Mindmap – verschiedene Begriffe eine gleich wichtige Rolle, und ihre Beziehung zueinander wird explizit verbalisiert.
(iii) Die Begriffsnetze oder Vorstufen davon werden im Plenum vorgestellt, sachlich erläutert und verglichen.
(iv) In einem letzten Schritt können Schüler zu einem gemeinsam oder individuell erschlossenen Begriffsfeld persönlich Stellung beziehen und die Begriffe, mit denen sie sich intensiver auseinandersetzen wollen oder die für sie bedeutender sind, entsprechend markieren bzw. gewichten.

45 Minuten

Partner- bzw. Gruppenarbeit + Einzelarbeit

- Alle drei Methoden-Schritte laden dazu ein, erst einmal selbstständig nach einer Lösung zu suchen – und sei sie noch so vorläufig.
- Das gemeinsame Auswertungsgespräch im Plenum rundet die Begriffsarbeit erst richtig ab. Hier können die Schüler gemeinsam nach Optimierungsmöglichkeiten suchen und noch weitere Differenzierungen oder Ergänzungen vornehmen.

- Das persönliche Begriffs-Gewichten geht ganz einfach mit Hilfe von Gewichtssteinen aus Moosgummi, die mit Wasser an jeder Tafel haften und verschiebbar sind. Man sollte sie für die Schüler in verschiedenen Farben und Größen zur Verfügung halten oder als kopiertes Set (von 100 Gramm bis zu 10 Kilogramm) zum Ausschneiden und Ankleben; alternativ kann man jedem Schüler auch 3–5 Klebepunkte geben, die sie – entsprechend ihrer persönlich empfundenen Bedeutung – an die Begriffe kleben.

- Begriffsnetze lassen sich mit Hilfe von Folienstücken einfach auf dem Overheadprojektor entwickeln und auch wieder verändern.
- Zu Übungszwecken kann man den Schülern auch die Begriffe aus einem fertigen Begriffsnetz an die Hand geben. Da sie sachlogisch sinnvoll aufeinander bezogen sind, dürfte es relativ leicht fallen, diese nach den Prinzipien Ähnlichkeit bzw. Opposition anzuordnen.
- Die Schüler können, aber müssen nicht unbedingt selbstständig die Oberbegriffe finden. Man kann ihnen dabei auch Hilfestellung leisten, z. B. indem man verschiedene, mehr oder weniger gut passende Vorschläge macht.

---

1 Immanuel Kant, Prolegomena zu einer jeden künftigen Metaphysik, die als Wissenschaft wird auftreten können, § 26.

2 + 5 Hans Aebli, Zwölf Grundformen des Lehrens, Klett-Cotta, Stuttgart ^{13}2006, S. 245 ff.

3 »Omnis determinatio est negatio.« (Jede Bestimmung beruht auf der Verneinung einer anderen Bestimmung.) – Spinoza
Mit Hilfe der im Folgenden genannten Seiten aus: Peter Bieri, Das Handwerk der Freiheit, Fischer Verlag, Frankfurt a. M., 9. Auflage 2009, S. 29 f. + 15 f. lässt sich Schülern schnell, klar und einfach erklären, warum es in der Philosophie ganz entscheidend darauf ankommt, Begriffszusammenhänge zu explizieren.

4 Vgl. dazu das Kapitel 2.4 in: Michael Wittschier, Textschlüssel Philosophie. 30 Erschließungsmethoden mit Beispielen, bsv-Patmos, München 2010, S. 80 ff.

Begriffe – Begriffsfelder – Begriffsnetz

(0) Begriffe

Hunger	Geld verdienen	Lust	Erfolg planen
Autos bauen	Krieg führen	Gedanken	Mathematikaufgabe lösen
Krankheit verstehen	**MENSCH**		

(i) Begriffsfelder

MENSCH

KÖRPER	HANDLUNGEN	GEDANKEN
Hunger	Krieg führen	Mathematikaufgabe lösen
Lust	Geld verdienen	Erfolg planen
	Autos bauen	Krankheit verstehen

(ii) Begriffsnetz

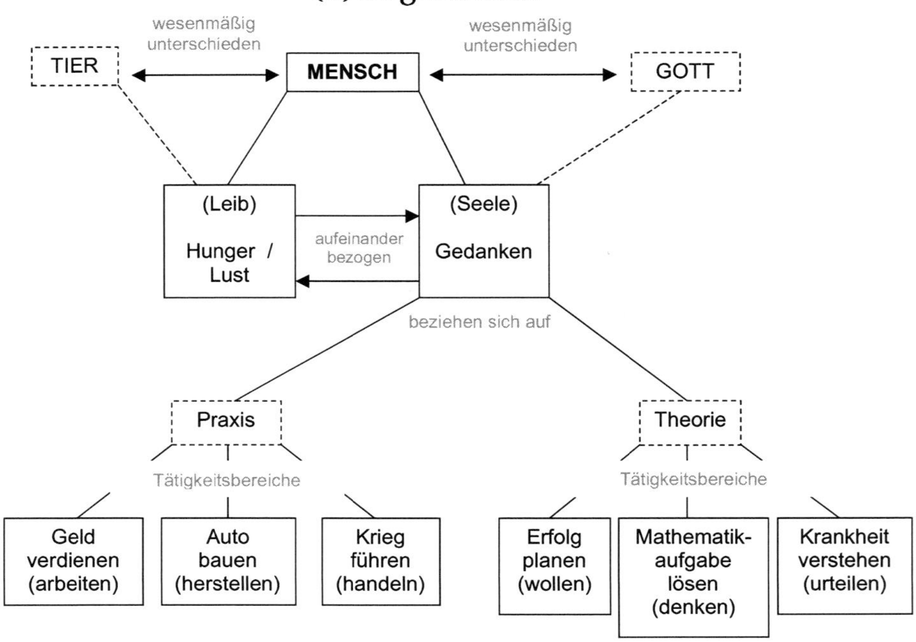

(iii) Gewichtung → Schülerinteresse

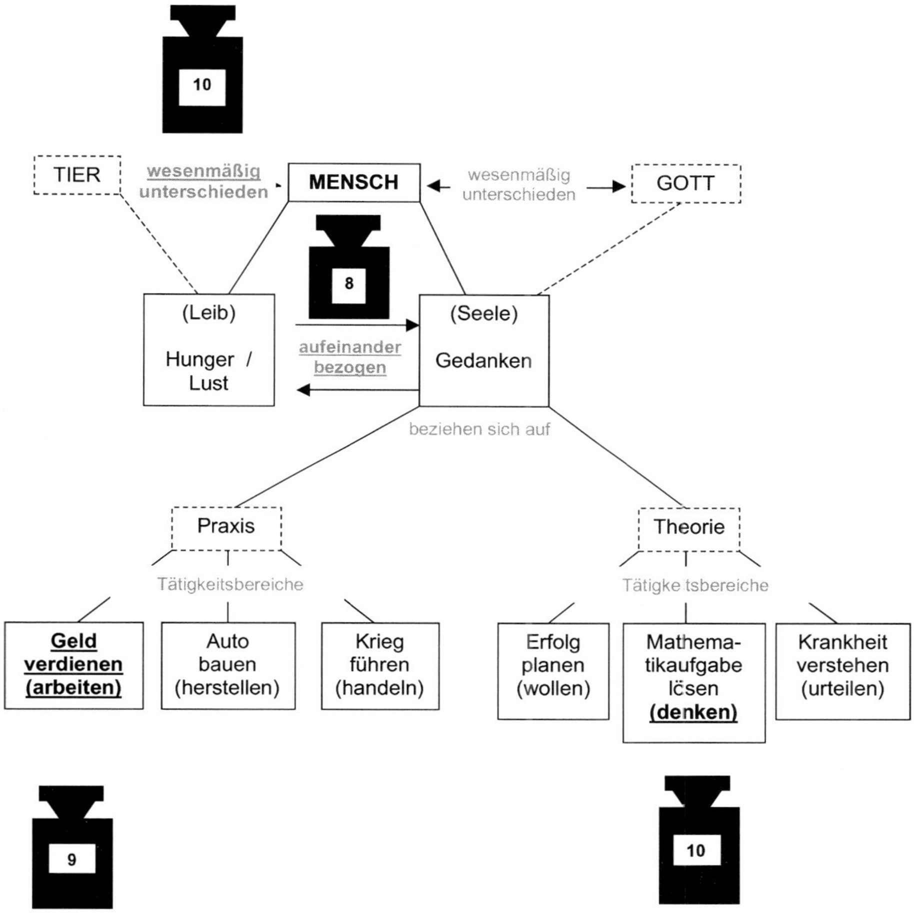

3.6 Begriffsdefinition

IP

Das Herzstück der Philosophie und damit auch des Philosophieunterrichts ist die Begriffsarbeit[1]. Mit Sokrates hat sie begonnen, Descartes hat ihren Wahrheitsanspruch auf den Punkt gebracht (»clare et distincte«) und mit Hegel[2] hat sie ihren systematischen Höhepunkt erlebt.
Grundsätzlich gilt: Nur derjenige, der etwas wirklich begriffen hat, kann angemessen urteilen und argumentieren.
Die drei klassischen Vorgehensweisen zur Definition eines Begriffs – die klassifikatorische, die genetische und die operationale – findet man bei Gerd Stein[3] mit anschaulichen Beispielen auf einer Seite übersichtlich versammelt (s. u.).

Da es für Schüler eine Überforderung darstellt, Begriffe aus dem Stand nach diesen Verfahren zu definieren, macht Gerd Stein den sinnvollen Vorschlag, sich den klassischen Begriffsbestimmungen schrittweise anzunähern: zeigen (dies ist) – Beispiele nennen – Bestandteile angeben – beschreiben – vergleichen – unterscheiden – charakterisieren – klassifizieren – kennzeichnen[4].

Ein spielerischer Weg zur klassifikatorischen Definition ist das Begriffsraten.[5]
(i) 4–6 Schüler gehen mit ihren – in Einzelarbeit angefertigten Mindmaps zu einem Thema – in eine Gruppenarbeitsphase und schreiben den für sie wichtigsten Begriff aus ihrer Mindmap heimlich auf einen Zettel.
(ii) Der jüngste Schüler klebt dem links neben ihm sitzenden Mitschüler seinen Begriff auf die Stirn. Die von dem Rateschüler gestellten Fragen werden von einem der Gruppenmitglieder oder einem eigens bestimmten Protokollanten festgehalten. Sie führen automatisch zu relevanten Oberbegriffen und spezifischen Differenzen. Das Begriffsraten geht dann reihum im Uhrzeigersinn weiter.
(iii) Die Gruppe erarbeitet sich auf der Grundlage des Protokolls ein Begriffsnetz[6] bzw. eine Vorstufe davon und macht für das Plenum einen klassischen Definitionsvorschlag.
(iv) Die erratenen und definierten Begriffe werden im Plenum vorgestellt und – gemäß den Ansprüchen an eine gute Definition – beurteilt und ggf. gemeinsam optimiert.

30–45 Minuten

Gruppenarbeit

- Das Begriffs-Raten und die damit verbundene Begriffsunterscheidung und -definition fordert alle Schüler einer Lerngruppe in gleicher Weise.
- Das hier zur Anwendung kommende Prinzip ›learning by doing‹ führt die Schüler spielerisch, aber ernsthaft an die schwierige Herausforderung einer präzisen und umfassenden Definition heran.
- Wie auch bei der Begriffs-Verortung geht es nicht um Perfektion. Gerade Fehler oder Probleme haben einen nicht zu unterschätzenden Erkenntniswert. Deshalb ist auch die Präsentation und kritische Auseinandersetzung mit den Definitionsvorschlägen im Plenum wichtig.

- Ein erster wichtiger Schritt zur Realdefinition ist die Nominaldefinition bzw. die etymologische Bedeutung – vor allem bei griechischen oder lateinischen Begriffen. (Sympathie → griechisch: Mitleid) Ggf. ist auch der Hinweis auf den alltagssprachlichen Gebrauch eine wichtige Hilfestellung (Essig-Essenz → Essentia) sowie der Umweg über den Gegenbegriff (Akzidenzien → Substanz) oder einen Nachbarbegriff (Sitten/Gebräuche → Moral/Freundschaft → Liebe).

---

1 »Die Klärung von Begriffen [gehört] zu den wichtigsten Operationen des Philosophieunterrichts.« – Helmut Engels in: Handbuch des Philosophie-Unterrichts, hrsg. von Wulff D. Rehfus/Horst Becker, Schwann Verlag, Düsseldorf 1986, S. 375

2 »Die Wahrheit der Substanz ist der *Begriff* als die Wahrheit des Seins und des Wesens.« (Hegel)

3 + 4 Gerd Stein, Erkenntnistheorie – Logik, Begriffe definieren, Schlüsse ziehen, Gegensätze begreifen, Patmos Verlag, Düsseldorf 2003, S. 25 + 11.

5 Meines Wissens wurde die Methode in der vorgestellten Form von Julia Wittschier für den Philosophie-Unterricht fruchtbar gemacht.

6 Vgl. dazu das Kapitel 2.4 in: Michael Wittschier, Textschlüssel Philosophie. 30 Erschließungsmethoden mit Beispielen, bsv-Patmos, München 2010, S. 80 ff.

Drei Definitionsverfahren mit Beispielen

Definitions-Verfahren [Die Wahl des Definitionsverfahrens hängt davon ab, für wie »materialadäquat« bzw. für wie passend und ergiebig es gehalten wird.]	**Beispiele** für Definitionsmöglichkeiten von Gegenständen, die ggf. Veränderungen unterworfen sind bzw. »Geschichte« haben. – Bei diesen Definitionen besteht prinzipiell die **»Definitorische Unschärferelation«**!	**Beispiele** für Definitionsmöglichkeiten von Gegenständen, die keinen Veränderungen unterworfen bzw. ohne »Geschichte« sind. – So entfällt das Randunschärfenproblem!
Das **klassifikatorische** Definitionsverfahren erfasst einen Gegenstand, indem es auf die nächsthöhere Gegenstandsklasse (genus proximum) weist und ein artspezifisches Merkmal (differentia specifica) angibt.	Ein *Stuhl* ist ein Sitzmöbel mit einer Rückenlehne. Ein *Buch* ist eine Publikation mit festem Einband.	Ein *Parallelogramm* ist ein Viereck, dessen gegenüberliegende Seiten parallel verlaufen *Rotation* ist Bewegung um eine Achse.
Das **genetische** Definitionsverfahren erfasst einen Gegenstand, indem es Bedingungen und Ursachen von dessen Entstehung angibt.	*Quark* entsteht, wenn sich Milch aufgrund von Säurebildung verdickt und [...] »Wenn man einen allgemeinen Satz auf einen besonderen Fall zurückführt, diesem besonderen Falle Wirklichkeit verleiht und eine Geschichte daraus dichtet, in welcher man den allgemeinen Satz anschauend erkennt, so heißt diese Erdichtung eine *Fabel*. (G. E. Lessing)	Ein *Kreis* entsteht, wenn man einen Punkt in einer Ebene mit gleichbleibendem Abstand um einen anderen festen Punkt bewegt. Eine *Sonnenfinsternis* entsteht, wenn zur Zeit des Neumondes der Kernschatten des Mondes auf die Erde fällt.
Das **operationale** Definitionsverfahren erfasst einen Gegenstand, indem es dessen Zweck angibt bzw. das, was mit ihm zu bewerkstelligen ist.	Ein *Bohrer* ist ein Gerät, mit dem man anhand eines sich drehenden, geschärften Stabes Löcher in anderen Gegenständen produzieren kann, indem dort entsprechendes Material herausgerieben bzw. herausgeschält wird. – Eine *Garage* ist ein Gebäude, das dazu dient, ein Auto zu »beherbergen«.	Beim Schachspiel ist ein *Läufer* eine Figur, mit der ausschließlich auf den Diagonalen gegnerische Figuren in beliebiger Entfernung geschlagen werden können, sofern der direkte Weg nicht durch andere Figuren verstellt ist.

Gerd Stein, Erkenntnistheorie – Logik, Begriffe definieren, Schlüsse ziehen, Gegensätze begreifen, Patmos Verlag, Düsseldorf 2003, S. 25.

Begriffsraten

Hinführungsimpuls: »Alles ist egal, denn alles fängt nur an, um aufzuhören. In demselben Moment, in dem ihr geboren werdet, fangt ihr an zu sterben. Und so ist das mit allem.«
Pierre Anthon in: Jane Teller, NICHTS · Was im Leben wichtig ist

Problemstellung: Was ist für mein Leben wertvoll und wichtig?

Beispiel Schüler-Mindmap:

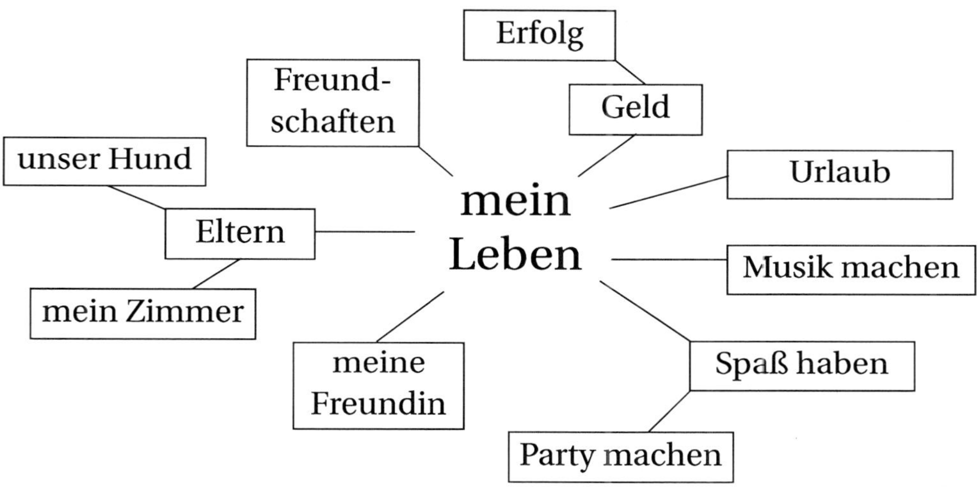

Beispiel Begriffsraten:

Kann man das *kaufen*? *nein*
Ist das ein *Gegenstand*? *nein*
Hat das was mit **Menschen** zu tun? **ja**
Geht es dabei um etwas **Positives**? **ja**
Spielen **Gefühle** dabei eine wichtige Rolle? **ja**
Hat man viel **Spaß** miteinander? **ja**
Aber auch mal **Stress**? **ja**
Hält man es trotzdem miteinander **aus**? **ja**
Geht es dabei um meine *Familie*? *nein*
Geht es dabei nur um einen *einzigen* Menschen? *nein*
Kann das positive Verhältnis mal zu **Ende** sein? **ja**
Dann geht es um *Liebe*! *nein*
Kann man das mit **vielen Menschen** haben? **ja**
Kann man sich dabei auf jemanden **verlassen**? **ja**
Dann ist es … **ja**

Mögliches ›Begriffsnetz‹ (Freundschaft)

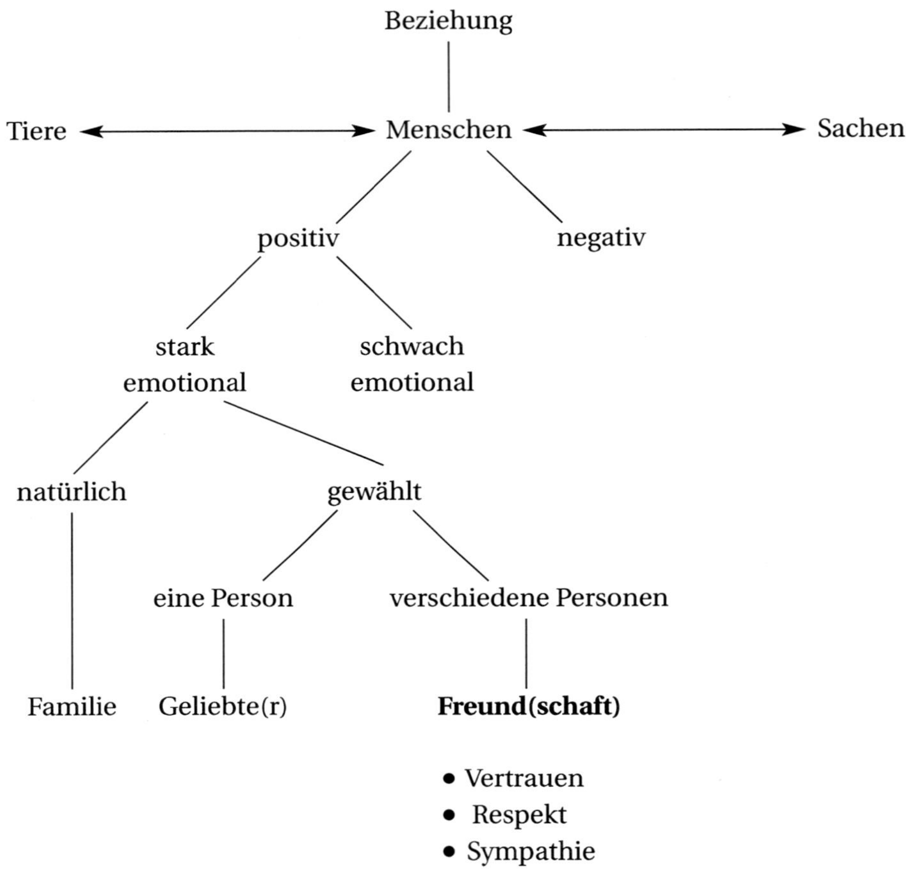

Beispiel Definitionsvorschlag:

Freundschaft ist eine stark gefühlsmäßige, positive Beziehung, die man zu verschiedenen Personen aufbauen kann. Sie beruht auf Vertrauen. Der andere ist einem so sympathisch, dass man seine Ansichten auch dann akzeptiert, wenn man selbst anderer Meinung ist.

3.7 Standpunkt

IP

Ein bestimmter argumentativer Standpunkt lässt sich im eigentlichen Sinne des Wortes auch dadurch ›vertreten‹, dass man sich mit seiner Person an einer bestimmten Stelle im Raum positioniert und dadurch seiner Meinung im doppelten Sinne – verbal und nonverbal – Ausdruck verleihen kann.
Besonders wenn es um unausweichliche Entscheidungssituationen wie bei Dilemmata geht, bietet es sich an, dass die Schüler eine erste Standortbestimmung auf einer Pro-Contra-Linie[1] im Kursraum vornehmen und von dort aus ihre Stellungnahme erläutern, offensiv verteidigen und ggf. auch verändern. Dadurch bekommt diese Diskurssituation eine dynamische Transparenz, indem (ständig wechselnde) Meinungsbilder in entsprechenden Standbildern abgebildet werden.
Gegenüber dem 4-Ecken-Spiel,[2] das ja auch dazu dient, deutlich zu machen, welche Positionen in einer Lerngruppe vertreten werden, spitzt die ›Standpunkt-Methode‹ Meinungsverschiedenheiten kontrovers zu und provoziert ein ständiges rationales Abwägen der vorgetragenen Argumente. Besonders interessant sind hierbei die noch unentschiedenen Schüler ›aus der Mitte‹. Sie sind am ehesten gefordert, wenn es darum geht, die argumentative Überzeugungskraft vorgetragener Fakten und Beispiele zu beurteilen und sollten auch explizit dazu aufgefordert werden.

10–15 Minuten

Plenum

- Innerhalb weniger Minuten ist bei dieser Methode die ganze Lerngruppe involviert. Jeder Schüler muss sich ja positionieren und im Laufe der folgenden Diskussion ständig neu besinnen und (um-)entscheiden.
- Die Schüler werden doppelt aktiv: verbal und nonverbal.
- Der Stand der ›Dinge‹ (Pro-Contra-Verhältnis) ist für alle Beteiligten jederzeit offensichtlich.
- Je nach Problem- und Sachlage kann man die Argumentationslinie auch in ein Dimensionenkreuz[3] verwandeln, zum Beispiel wenn es darum geht, eine bestimmte Handlung sowohl positiv/negativ als auch mit Blick auf ihre Folgen und Absichten zu beurteilen. Analoges gilt auch für die erkenntnistheoretische Positionierung zwischen Idealismus und Realismus (Frage nach der Objektivität der Erkenntnis) und zwischen Empirismus und Rationalismus (Frage nach der primären Erkenntnisquelle).

- Die Pro-Contra-Argumentationslinie kann man auch bildlich (in effigie) mit Hilfe von Piktogrammen oder Symbolen (Kreise mit Namen, Klebezettel, Moosgummi-Menschen) an der Tafel visualisieren. Der Moderator müsste dann auch die Aufgabe übernehmen, Neupositionierungen vorzunehmen.
- Die Standpunkt-Methode lässt sich gut mit Elementen aus dem Werkzeugkasten für schlaue Denker kombinieren (3.8).
- In einem ersten Schritt lassen sich Begriffe auch gut auf einem Skalenstrahl mit gegensätzlich bestimmten ›Endpunkten‹ verorten, z. B. zwischen Wahrheit und Lüge, gut und böse, gerecht und ungerecht.[4]
- Die vorgetragenen Argumente sollte man unbedingt in einem (Minuten-)Protokoll (2.2) festhalten.

---

1 Vgl. dazu: Günther Gugel, Methoden-Manual »Neues Lernen«, Beltz-Verlag, Weinheim und Basel 2006, S. 156 f. (Positionenspiel)

2 Vgl. dazu: Methodentraining: Projekt Medien und Meinungsbildung, hrsg. von Dietrich Erlach und Bernd Schurf, erarbeitet von Gerd Brenner, Cornelsen Verlag, Berlin 2002, S. 32.

3 Vgl. dazu: Peter Brauneck, Rüdiger Urbanek, Uwe Brönstrup, Methodensammlung, Anregungen und Beispiele für die Moderation, Ministerium für Schule und Weiterbildung des Landes Nordrhein-Westfalen, Dienststelle Soest, 7. Auflage 2007, Karte 094 (Stellungnahme).

4 In ihrem Buch ›Philosophie auf den Begriff gebracht‹, Nachschlagewerk für die Klassen 5–10 hat Barbara Brüning 30 solcher Begriffspaare der Philosophie anschaulich auf den Punkt gebracht; Militzke Verlag, Leipzig 2007.

Entscheidungsbeispiel 1:

Thomson-Paradoxon

Stell dir vor, du wachst eines Morgens auf und befindest dich in einem Krankenhausbett, und im Bett neben dir liegt ein bewusstloser Mann, an den du irgendwie angeschlossen bist. Man erzählt dir, dieser Mann sei ein bekannter Geiger mit einem Nierenleiden. Er könne nur überleben, wenn sein Kreislauf an das Kreislaufsystem eines anderen Menschen mit derselben Blutgruppe angeschlossen werde, und du bist die einzige Person, deren Blut geeignet ist. Deshalb hat dich eine Gesellschaft von Musikliebhabern gekidnappt, die Operation des Ankoppelns vollziehen lassen, und da bist du nun. Da es sich um ein renommiertes Krankenhaus handelt, könntest du jetzt, wenn du dich dafür entscheidest, einen Arzt herbeirufen, um dich von dem Geiger abkoppeln zu lassen; aber der Geiger wird dann mit Sicherheit sterben. Wenn du dagegen für neun Monate mit dem Geiger verbunden bleibst, wird er genesen, und du kannst von ihm abgekoppelt werden, ohne ihn zu gefährden. Wie entscheidest du dich?

Erst-Positionierung

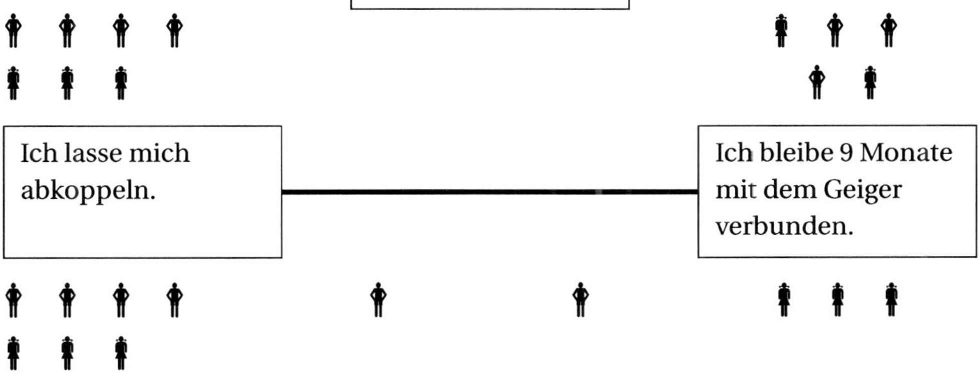

Letzt-Positionierung

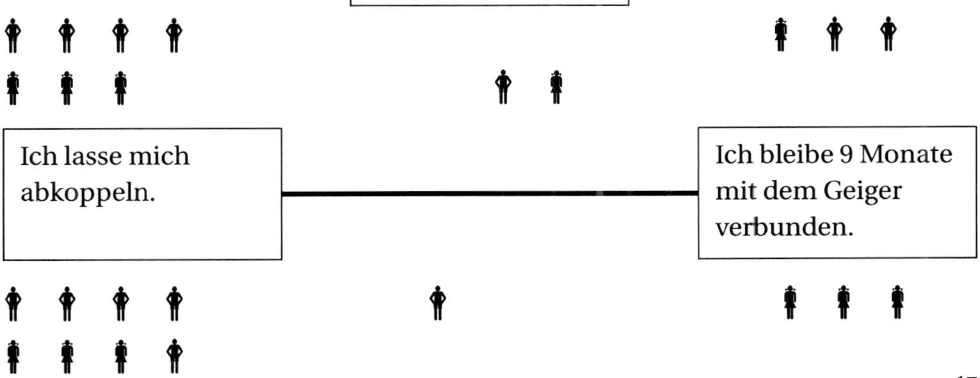

Entscheidungsbeispiel 2:

Immanuel Kant

Über ein vermeintes Recht aus Menschenliebe zu lügen (1797)

Wahrhaftigkeit in Aussagen, die man nicht umgehen kann, ist formale Pflicht des Menschen gegen jeden, es mag ihm oder einem andern daraus auch noch so großer Nachteil erwachsen (...).

Die Lüge (...) schadet jederzeit einem anderen, wenn gleich nicht einem andern Menschen, doch der Menschheit überhaupt, indem sie die Rechtsquelle unbrauchbar macht.

Hast du (...) einen eben jetzt mit Mordsucht Umgehenden durch eine Lüge an der Tat verhindert, so bist du für alle Folgen, die daraus entspringen möchten, auf rechtliche Art verantwortlich. Bist du aber strenge bei der Wahrheit geblieben, so kann dir die öffentliche Gerechtigkeit nichts anhaben; die unvorhergesehene Folge mag sein welche sie wolle. Es ist doch möglich, dass, nachdem du dem Mörder, auf die Frage, ob der von ihm Angefeindete zu Hause sei, ehrlicherweise mit Ja geantwortet hast, dieser doch unbemerkt ausgegangen ist, und so dem Mörder nicht in den Wurf[1] gekommen, die Tat also nicht geschehen wäre; hast du aber gelogen, und gesagt, er sei nicht zu Hause, und er ist auch wirklich (obzwar dir unbewusst) ausgegangen, wo denn der Mörder ihm im Weggehen begegnete und seine Tat an ihm verübte: so kannst du mit Recht als Urheber des Todes desselben angeklagt werden. Denn hättest du die Wahrheit, so gut du sie wusstest, gesagt: so wäre vielleicht der Mörder über dem Nachsuchen seines Feindes im Hause von herbeigelaufenen Nachbarn ergriffen, und die Tat verhindert worden. Wer also lügt, so gutmütig er dabei auch gesinnt sein mag, muss die Folgen davon, selbst vor dem bürgerlichen Gerichtshofe, verantworten und dafür büßen: so unvorhergesehen sie auch immer sein mögen; weil Wahrhaftigkeit eine Pflicht ist, die als die Basis aller auf Vertrag zu gründenden Pflichten angesehen werden muss, deren Gesetz, wenn man ihr auch nur die geringste Ausnahme einräumt, schwankend und unnütz gemacht wird.

Es ist also ein heiliges, unbedingt gebietendes, durch keine Konvenienzen[2] einzuschränkendes Vernunftgebot; in allen Erklärungen wahrhaft (ehrlich) zu sein. (...)

Immanuel Kant, Über ein vermeintliches Recht aus Menschenliebe zu lügen, Akademie-Ausgabe, Bd. VIII, Nachdruck Berlin 1968, S. 427.

1 in den Wurf kommen: altertümlich für ›in die Hände fallen‹
2 Konvenienz: Bequemlichkeit bzw. das in der Gesellschaft Erlaubte

3.8 Hawaii-Fragen

IP

Der Maßstab für Vernünftigkeit ist das gute, bessere Argument, um das sich letztlich alles in der Philosophie dreht.[1]
Auf der Suche nach der Wahrheit[2] müssen wir in der Lage sein, unsere (vorläufigen) Theorien zu begründen und dabei folgerichtig[3] zu denken. Die Argumentations- und Urteilskompetenz beinhaltet die Fähigkeit, »Begriffe, Gedankengänge und Argumentationsstrategien zu erschließen, zu vergleichen, kritisch zu prüfen und ggf. zu bewerten«[4] und gehört wegen seines hohen Anspruchniveaus zum Anforderungsbereich III.
Wer (noch) nicht weiß, was ein Argument ist und wie man seinen Standpunkt gut begründet und/oder dies auch bei anderen explizit nachvollziehen kann, braucht sich nicht zu wundern, wenn man ihm ständig zurückmeldet: »Das kann ja jeder behaupten!« oder »Du paraphrasierst ja nur den vorliegenden Gedankengang, ohne seine Argumentationsstruktur zu analysieren!«
Das folgende Basisschema einer Argumentation, das Schülern auch gut als Muster dienen kann, hat der englisch Philosoph Stephen Toulmin[5] schon Ende der 50er Jahre entwickelt. Dass die Überzeugungskraft einer Argumentation ganz entscheidend vom Zusammenspiel der drei Argumenttypen »Fakten, Maßstäben und Gründen für die Maßstäbe« abhängt, machen die nachfolgenden Beispiele für eine theoretische und praktische Argumentation[6] deutlich. Fakten alleine genügen nicht, um jemanden von etwas zu überzeugen, braucht man gute, passende Grundsätze und ggf. Stützen.
Da es auch beim Argumentieren ganz entscheidend darauf ankommt, ›träges Wissen in kompetentes Handeln‹[7] zu überführen, sollte man immer wieder im ›normalen‹ Unterrichtsgespräch die Möglichkeit zum bewussten Umgang mit Argumenttypen einüben. Dr. Jackson von der University of Hawaii at Manoa hat dafür ein Instrumentarium entwickelt: die Werkzeugkiste für schlaue Denker.[8] Mit Hilfe der dort versammelten sieben Fragen kann jeder Schüler »aufmerksam und kritisch«[9] den Gesprächsverlauf unaufdringlich kommentieren und ihm zu größerer Tiefe und Dichte zu verhelfen, weil er seine Mitschüler ständig dazu animiert, ihre Argumentation begrifflich auszuschärfen, weitergehend zu begründen oder grundsätzlich in Frage zu stellen. Dies geschieht vor allem mit der Frage ›S‹ (Stimmt das?). Hinter ihr »verbergen sich die drei Grundpfeiler des Philosophierens, das Staunen, der Zweifel und die Betroffenheit.«[10]

15–20 Minuten

Plenum

- Man kann schon mit einem einzigen Hawaii-Werkzeug sinnvoll im Unterricht arbeiten.
- Die Hawaii-Fragen sind auch für stillere Schüler eine echte Chance zur aktiven Mitarbeit im Unterricht.
- Das Stellen der W-Frage trägt ganz wesentlich dazu bei, dass sich das Gespräch sehr schnell dem Kern der Sache annähert und man nicht einfach ›drauflos philosophiert‹.
- Für die sieben Fragen sollten die Schüler möglichst selbst gestaltete Werkzeugkarten verwenden; alternativ kann man auch bestimmte Handzeichen (s. u.) vereinbaren.

- Mit seinen Schülern in Hawaii hat Dr. Jackson folgende – universal gültigen – Grundregeln vereinbart:
  1. Egal, was jemand sagt, er darf nicht ausgelacht werden.
  2. Jede/r hat das Recht darauf, dass ihr/ihm zugehört wird und dass sie/er ausreden darf.
- Die Hawaii-Fragen sollte man auch in höheren Klassen nur Stück für Stück einführen. Es hat sich als sinnvoll erwiesen, mit der Frage nach dem Grund zu beginnen, weil man so erreicht, dass die Schüler ihr Denken »am Inhalt der Aussagen und nicht an deren Vielfalt entfachen«.[11]
- Das im Unterrichtsgespräch begonnene Argumentationstraining kann man gut in schriftlicher Form mit dem Schreiben von Essays bzw. einer Essaywerkstatt[12] fortsetzen.

---

1 Holm Tetens, Philosophisches Argumentieren, Ein Einführung, Beck Verlag, München ^{2}2006, S. 9: »Argumente sind der Dreh- und Angelpunkt des Philosophierens.«

2 Deshalb sagt Sokrates zu Phaidon, 91c: »Ihr aber müsst euch, wenn ihr mir folgen wollt, wenig um Sokrates kümmern, desto mehr aber um die Wahrheit.«

3 Immanuel Kant, Anthropologie in pragmatischer Hinsicht, Suhrkamp Theorie Werkausgabe, Bd. XII, Frankfurt a.M. 1964, S. 549.

4 Beschlüsse der Kultusministerkonferenz Einheitliche Prüfungsanforderungen in der Abiturprüfung Philosophie – i. d. F. vom 16.11.2006 Wolters Kluwer, München-Neuwied 2007, S. 5.

5 Stephen Toulmin, The Uses of Argument (1958), deutsch: Der Gebrauch von Argumenten, Beltz, Athenäum, Weinheim ^{2}1996.

6 Vgl. dazu auch Karl-Heinz Göttert, Argumentation, Grundzüge ihrer Theorie im Bereich theoretischen Wissens und praktischen Handelns, Niemeyer Verlag, Tübingen 1978, S. 26–29.

7 Vgl. dazu Diethelm Wahl, Lernumgebungen erfolgreich gestalten. Vom trägen Wissen zum kompetenten Handeln, Verlag Julius Klinkhardt, Bad Heilbrunn 2006.

8 + 9 + 10 + 11 In: Doris Daurer, Staunen Zweifeln Betroffensein. Mit Kindern philosophieren, Beltz-Verlag, Weinheim und Basel 1999, S. 59 ff.

12 Eine Essaywerkstatt mit 12 aufeinander aufbauenden Modulen findet sich in: Michael Wittschier, Textschlüssel Philosophie. 30 Erschließungsmethoden mit Beispielen, bsv-Patmos, München 2010, S. 144 ff.

Toulmin-Schema → theoretisches Wissen

Faktum
Ursache/Grund

Denn es ist tatsächlich die Arbeit, die jedem Ding einen unterschiedlichen Wert verleiht. (...) [Genau betrachtet, wird man herausfinden,] dass man in den meisten Fällen neunundneunzig Hundertstel ganz dem Konto der Arbeit zuschreiben muss.

These
Behauptung

Was immer (...) [der Mensch] dem Zustand der Natur entrückt, den die Natur vorgesehen hat und dem sie es belassen hat, hat er mit seiner Arbeit gemischt und ihm etwas Eigenes beigefügt. Er hat es somit zu seinem Eigentum gemacht.

BEISPIEL

Wer sich von Eicheln ernährt, die er unter einer Eiche aufliest (...), hat sich diese offensichtlich angeeignet. (...) Diese Arbeit bewirkte einen Unterschied zwischen ihnen und dem gemeinsamen Besitz.

Grundsatz
Gesetz/Wesenszug

Obwohl die Dinge der Natur allen gemeinsam zur gemeinsamen Nutzung gegeben werden, lag dennoch die große Grundlage des Eigentums tief im Wesen des Menschen (weil er der Herr seiner selbst ist und der Eigentümer seiner eigenen Person und ihrer Handlungen oder Arbeit).

Stütze
Prinzip

Er [= Gott] gab sie [= die Erde] dem Fleißigen und Verständigen zur Nutznießung (und Arbeit sollte seinen Rechtsanspruch darauf bewirken), nicht aber dem Zänkischen und Streitsüchtigen für seine Launen und Begierden.

Toulmin-Schema → praktisches Wissen

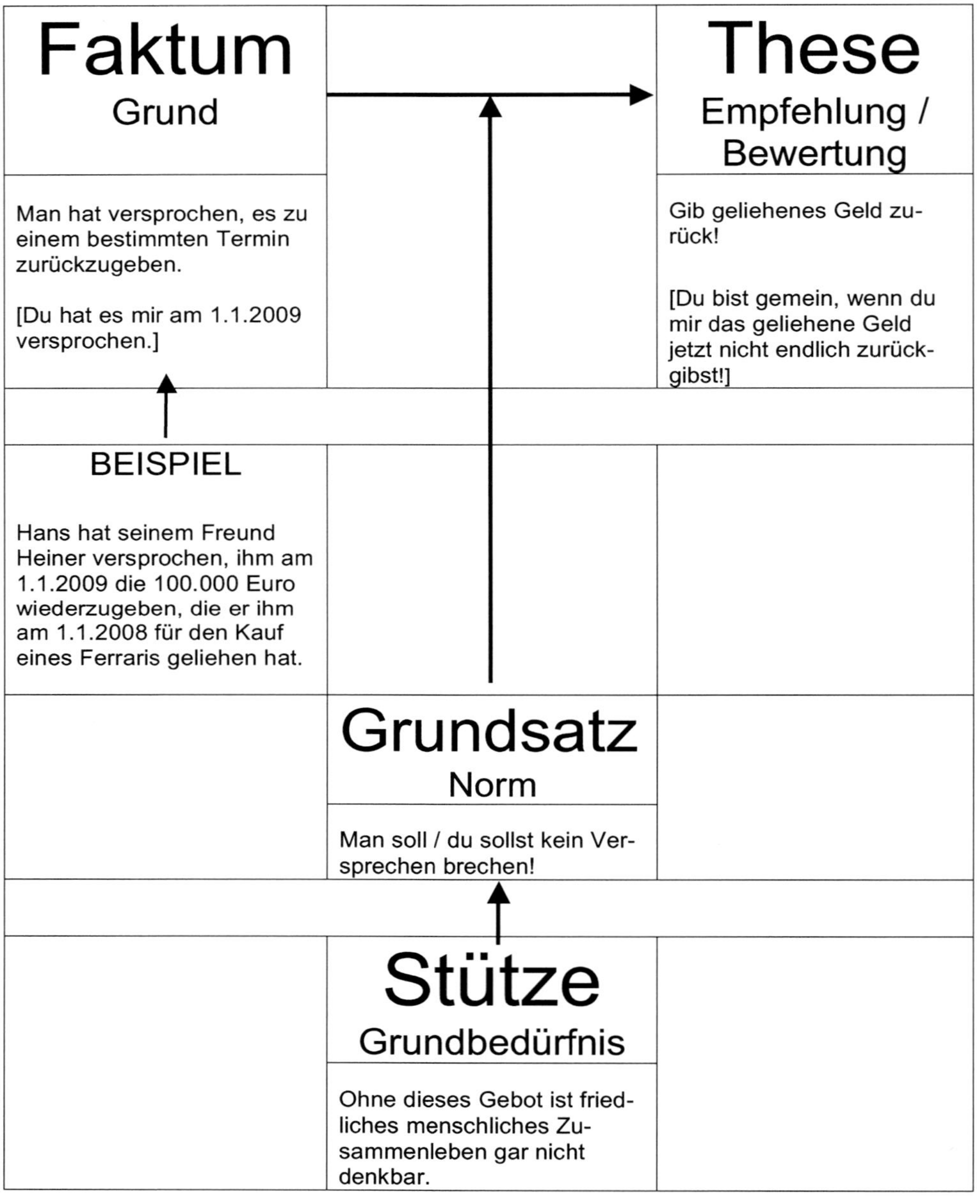

Die Beispiele orientieren sich an Kants Beispiel einer vollkommenen Pflicht (gegen andere): Verbot des falschen Versprechens – Grundlegung zur Metaphysik der Sitten.

Argumentationsmuster

1. Einordnung/Vorhaben:	Ich möchte mich zu folgender Frage äußern … Ich möchte auf das eingehen, was X gesagt/ geschrieben hat …
2. Bezug/Thema:	Die Frage ist … Er/ Sie hat nämlich gesagt … Dort steht geschrieben …
3. These:	Ich möchte dazu folgende These aufgreifen/ aufstellen/ umformulieren …
4. Begründung:	Denn das passt zu/ widerspricht folgendem Grundsatz … Denn das passt zu/ widerspricht folgendem Beispiel … Denn das kann man durch folgende Stelle belegen/widerlegen …
5. Konsequenz:	Und deswegen komme ich zu dem Schluss … Und deswegen bin ich dafür/dagegen, dass …

Argumentationsschema → Hawaii-Fragen

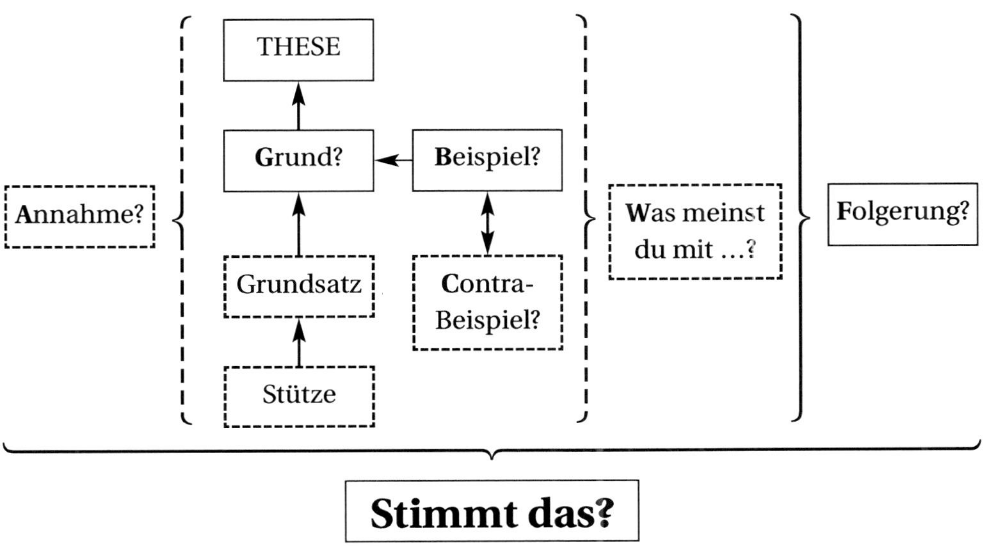

Werkzeugkiste für schlaue Denker

A	**ANNAHME?** ☐ dient dazu Annahmen von Tatsachen abzugrenzen ☐ soll durchaus zu Diskussionen über die Verlässlichkeit von Wissensquellen dienen	
G	**GRUND?** ☐ Dadurch wird das Denken am Inhalt der Aussagen und nicht an der Vielfalt entfacht ☐ verlangt mehr als das einfache Negieren	
W	**WAS MEINST DU MIT…?** ☐ dient der Klärung des Begriffsumfangs	
B	**BEISPIEL?** ☐ dient der Konkretisierung von Begriffen bzw. der Anbindung an Alltagswissen	
C	**CONTRA-BEISPIEL?** ☐ dient der Widerlegung von Allaussagen ☐ dient generell zur Bewährung von gemachten Aussagen	
F	**FOLGERUNG?** ☐ gut zu kombinieren mit A (»wenn … dann«) ☐ dient auch dazu, vermutete Folgen von Fakten abzugrenzen	
S	**STIMMT DAS?** ☐ dient der **permanenten** Überprüfung von Aussagen → rationale Argumente haben Vorrang vor emotional gefärbten Aussagen ☐ das **philosophischste** Werkzeug (← Staunen, ← Zweifel, ← Betroffenheit!) = Gesprächsmotor ☐ beugt der Spekulation vor + dient der Fokussierung	

Doris Daurer, Staunen Zweifeln Betroffensein. Mit Kindern philosophieren, © 1999 Beltz-Verlag, Weinheim und Basel, S. 59 ff.

Aristoteles – Wahrnehmung und Erfahrung

Das Streben nach Wissen ist eine natürliche Veranlagung aller Menschen. Das beweist schon unsere Vorliebe für die sinnlichen Wahrnehmungen; (...) Auf Grund derselben bildet sich bei manchen von ihnen ein Gedächtnis, bei andern ist das nicht der Fall. (...) Auf Grund der Erinnerung bildet sich bei den Menschen die Erfahrung, denn die vielfache Erinnerung an dieselbe Sache erzeugt die Kraft einer einheitlichen Erfahrung. (...) Der Mann der Erfahrung kennt das Dass, aber nicht das Warum. Metaphysik I,1

Nico: Was Aristoteles da schreibt, stimmt so nicht. Ich mache auch schon eine bestimmte Erfahrung, wenn ich etwas zum ersten Mal esse.

Sandra: **B**(eispiel)?

Nico: Zum Beispiel ein Stück von einer Schokoladensorte, die mir bis dahin völlig unbekannt war.

Özgür: **C**ontra-Beispiel: Ein Freund von mir hat da aber eine ganze andere Erfahrung gemacht. Erst nach dem dritten oder vierten Stück hat er Geschmack gefunden an einer neuen Schokoladensorte. War eine mit Chili.

Benni: **W**as meint ihr eigentlich mit Erfahrung?

Nico: Also für mich heißt erfahren, etwas am eigenen Leibe zu spüren.

Julia: Man hat aber doch auch schon etwas erfahren, wenn man erzählt bekommt, wie andere das erlebt haben, oder?

Özgür: Was ihr da sagt, stimmt aber gar nicht mit der Ansicht von Aristoteles überein. Der sagt ganz ausdrücklich: »die vielfache Erinnerung an dieselbe Sache«!

Nico: Gibt es dafür denn einen guten **G**rund?

Özgür: Ja klar, sonst würde sich ja eine einmalige Wahrnehmung nicht von einer wiederholten Wahrnehmung unterscheiden, und es wäre nicht wichtig, etwas immer und immer wieder auszuprobieren. Und das muss man einfach bei allen Sachen machen.

Simone: **S**timmt das denn wirklich?

Özlem: Nein, das weiß ich aus eigener Erfahrung. Als Kind habe ich einmal auf eine heiße Herdplatte gepackt und danach nie wieder. Und ich würde es auch nicht noch einmal machen.

Maria: Gilt denn das, was Aristoteles sagt, vielleicht nur unter einer bestimmten **An**nahme?

Özgür: Muss ja so sein. Man kann sich ja auch nicht zweimal umbringen.

Maria: Und **w**as wäre das für eine Annahme?

Benni: Ich würde sagen, unter der Annahme, dass das, was ich am eigenen Körper erfahre, diesen nicht umbringt, aber auch nicht ein Organ zerstört. Man muss ja auch schon seine Augen schützen, wenn man nur einmal länger in die Sonne gucken will.

Nico: Man muss also grundsätzlich eine Sache schon mehrfach erlebt haben und dürfte auch keine Gedächtnislücken haben. Denn sonst kann ich mich ja an frühere Erlebnisse gar nicht mehr erinnern.

Lehrer: Und was **f**olgt aus dem, was Nico gerade sagt?

Maria: Dass das mit der Erfahrung eigentlich nie aufhört. Man kann ja auch noch nach Jahren mit derselben Sache oder Person etwas ganz Neues erleben, zum Beispiel mit einem Lehrer, den man nie leiden konnte, und den man auf einmal ganz nett findet.

Aristoteles, Metaphysik, Schriften zur Ersten Philosophie, eingeleitet und hrsg. v. Franz F. Schwarz, Philipp Reclam Verlag, Stuttgart 1970, S. 53 ff.

3.9 Streitkunst

IP

Im Kampf um die Wahrheit siegt nicht automatisch das gute Argument. Mit Hilfe eristischer[1] Kunstgriffe kann ein geschulter Rhetoriker ein Streitgespräch so beeinflussen, dass er am Ende Recht behält, ohne im Recht zu sein.
Die Philosophie verstand sich von Anfang an als Gegner der Überredungskunst, wie sie von den antiken Sophisten[2] gelehrt wurde. Aristoteles nannte sie die ›Lehrer der Scheinweisheit‹, weil nur gute Gründe wirklich überzeugen können. Gleichwohl ist es sinnvoll, »jene Kunstgriffe der Unredlichkeit im Disputiren aufzustellen und zu analysiren«, wie Arthur Schopenhauer es in seiner »Eristischen Dialektik« getan hat, »damit man bei wirklichen Debatten sie gleich erkenne und vernichte«.[3]
Genau darin liegt auch der didaktische Wert der Auseinandersetzung mit Rhetorik-Tricks. Allerdings wäre es kontraproduktiv, wenn man den Schülern alle 38 von Schopenhauer beschriebenen Kunstgriffe vorstellen wollte. Es genügt vollkommen, sich auf die wichtigsten, für die Arbeit in der Schule relevanten zu konzentrieren, z. B. mit Hilfe des von Werner Rother konstruierten ›Musterfalls‹[4] aus dem Themenbereich Ökologie und Ethik.
(i) Zunächst sollten die Schüler die Gelegenheit haben, die verwendeten Kunstgriffe zu identifizieren und mit eigenen Worten zu charakterisieren. Nicht nur aus zeitökonomischen Gründen bietet sich dafür arbeitsteilige Gruppenarbeit an.
Die 19 von Rother vorgestellten Beispiele werden nach dem Zufallsprinzip gleichmäßig auf die Gruppen verteilt und (ii) anschließend im Plenum vorgestellt. Dort wird auch gemeinsam der Versuch unternommen, die jeweils charakterisierte Überredungstechnik auf den Begriff zu bringen – ggf. mit Hilfe der Lösungstabelle, allerdings ohne die Nummerierung.
(iii) Um den Blick für den Unterschied zwischen Überredungs-Kunst und Überzeugungs-Arbeit noch weiter zu schärfen, sollten die Schüler das erworbene Wissen in der Weise praktizieren, dass sie zur Klärung einer Streitfrage sowohl gute Argumente verwenden als auch eristische Kunstgriffe. Diese werden in Partnerarbeit – entsprechend eines verdeckt ausgeteilten Arbeitsauftrages – geplant. Etwa ein Drittel der Tandems sollen sachlich begründete Gegenargumente zu einem strittigen Thema (s. u.) finden, zwei Drittel der Tandems eines der von Rother erläuterten eristischen Mittel umsetzen.
(iv) In der anschließenden Plenumsphase tragen die Tandems ihre Stellungnahmen vor, und die anderen Schüler begründen in jedem Einzelfall, ob es sich dabei um ein (gutes) Argument handelt oder welches rhetorische Mittel hier kunstvoll angewandt wurde.

60 – 90 Minuten

Gruppenarbeit / Partnerarbeit

- Die intensive analytische und konstruktive Auseinandersetzung mit Rhetorik-Tricks hat einen hohen heuristischen Wert für die begründete Differenzierung bezüglich des fundamentalen Unterschieds zwischen ›überzeugen‹ und ›überreden‹.
- Die Arbeit mit Musterbeispielen erleichtert Schülern das Erkennen und Anwenden von eristischen Streitmitteln.
- Der Zweischritt von der Analyse zur Anwendung sorgt dafür, dass das erworbene Wissen sofort in kompetentes Handeln überführt wird.

- Je nach Art der strittigen These sollte der Unterrichtende nur bestimmte ›Rother‹-Kunstgriffe in die Aufgabenstellung geben. Falls es ihm selbst schwer fiele sie anzuwenden, sollte er sie auch nicht den Schülern zumuten; ggf. ein ›einfacheres‹ eristisches Mittel zweimal für die Partnerarbeit in (iii) verwenden.
- Da es wesentlich schwieriger ist, ein gutes Argument zu finden (→ 3.8 Toulmin-Schema) als ein vorgegebenes eristisches Mittel anzuwenden, sollte man in Phase (iii) die Schüler nicht überfordern und entsprechend weniger Argumente suchen lassen.
- Das Thema ›Eristische Dialektik‹ lädt zu einem interkulturellen Dialog mit strategemischem[5] Denken aus China ein. Die ursprünglichen Kriegstaktiken sind inzwischen ein z. T. auch spielerisch gepflegter Teil der Alltagskultur und stellen so die interessante Frage, ob listiges, kluges Verhalten automatisch unmoralisch[6] ist.

---

1 Eris war in der antiken Mythologie die Göttin der Zwietracht und des Streits.
2 sóphos: griech. weise; deshalb sind in der Regel auch die jüngeren Sophisten die Gesprächspartner von Sokrates.
3 Arthur Schopenhauer, Eristische Dialektik oder Die Kunst, recht zu behalten in 38 Kunstgriffen dargestellt (1830/31), Haffmans Verlag, Zürich 1983, S. 19 f.
4 Werner Rother, Die Kunst des Streitens, Olzog Verlag, München, 3. neu bearb. Auflage 1988, S. 151–157.
5 Geschichte, Prinzip und ›Philosophie‹ der 36 Strategeme werden anschaulich in dem Buch »Strategeme. Etwas aus dem Nichts erzeugen« von Julia Kotzschmar und Josef K. Pöllath, marixverlag, Wiesbaden 2010 vorgestellt.
6 Man kann das Problem auch gut mit Schillers Ästhetik in Verbindung bringen: ästhetischer Schein versus logischer Schein (26. Brief).

Werner Rother – Ein Musterfall

(...) Angenommen, in einem Landkreis hätten Naturschutzvereine, Wander- und Pfadfinderverbände, Botaniker, Zoologen, Jäger, Fischer und andere landschaftsfreundlich eingestellte Personen und Organisationen dagegen protestiert, dass in dem Gebirgstal X ein Elektrizitätswerk gebaut werden solle. Eine solche Anlage, sagt man, verschandle die Natur, entziehe den arbeitenden Menschen die Möglichkeit der Erholung und beraube die Naturwissenschaft um eines der immer seltener werdenden Objekte der Forschung und Beobachtung.
[Die Befürworter des Elektrizitätswerks könnten mit folgenden eristischen Kunstgriffen versuchen, ihre Gegner umzustimmen bzw. die Bevölkerung von der Notwendigkeit ihres Vorhabens zu ›überzeugen‹.]

1. Es treffe gar nicht zu (...), dass im Tal X an der bewussten Stelle ein Elektrizitätswerk errichtet werden solle.
[Es wird allerdings verschwiegen, dass] das Werk 1000 Meter oberhalb oder unterhalb der genannten Stelle entstehen [soll].

2.1 Die Dinge [müssen] mehr oder weniger zwangsläufig den vorgesehenen Verlauf nehmen (...). Man sei nicht schuld an dieser Entwicklung. Man könne gar nicht anders, selbst wenn man wolle. Der neuerdings in der Nähe angesiedelten Industrie müsse geholfen werden. Bei der augenblicklichen Energieverteilung bestünden ganz beträchtliche Schwierigkeiten, die gar nicht anders als durch den Bau eines neuen Werkes an dieser Stelle behoben werden könnten.

2.2 Durch Elektrizitätswerke würden die Schäden der Natur, die gewiss bedauerlich seien, durchaus nicht verursacht, jedenfalls nicht in ausschlaggebender Weise. Dafür seien ganz andere Faktoren maßgebend – die Besiedelungsdichte zum Beispiel, die Verseuchung des Wassers, der Luft und des Bodens und Ähnliches. Diese Schäden würden auch fernerhin eintreten, ganz unabhängig davon, ob das Kraftwerk gebaut würde oder nicht.

3. Was störe denn überhaupt die Natur bei diesem Projekt? Das müsse man erst einmal genauer untersuchen. Zweifellos nicht der schöne Stausee, den man anlegen wolle – im Gegenteil, der bereichere das Landschaftsbild. Sicher auch nicht das Gebäude, das an versteckter Stelle errichtet werde. Auch nicht die Straße, die ja schon vorhanden sei und nur etwas ausgebaut werde. Allenfalls die Masten und die Leitungsdrähte, die aber heute schon als zur Kulturlandschaft gehörig empfunden würden. Möglicherweise auch etwas das Brummen der Maschinen. Aber demgegenüber sei der Lärm der Autos und Flugzeuge, gegen den niemand mehr etwas einwenden könne, viel stärker.

4.1 Hierzu könnte (unter vielen Möglichkeiten) das Beispiel anderer Industrieanlagen angeführt werden, die gebaut werden mussten, ferner das von Autobahnen, Brücken und Kasernen. Der Mensch habe sich längst an diese Bauten gewöhnt. Genauso werde es im Tale X sein.

4.2 Im Übrigen seien vielleicht die scheußlichen Rasthütten, Aussichtstürme, Gasthäuser und Ferienheime samt Bänken, Spielplätzen und Trimm-dich-Stätten, die von den Naturvereinen rings im Lande angelegt würden, keine Verschandelung der Natur?

5. Wenn schon in dem viel schöneren Tal Y vor Jahren ein Kraftwerk gebaut worden sei, wenn das bekannte Heidegebiet in Z einem Flugplatz weichen musste, wenn man in der Nähe der historischen Burg B neulich ein Zementwerk errichtet habe, dann könne das geplante Werk in X um so weniger als Ziel der Kritik dienen.

6. Vor zwei Jahren sei der Bau des gleichen Kraftwerks am Z See nach langer Diskussion mit Behörden, Medien und Verbänden schließlich abgelehnt worden. Dadurch sei aber klar, dass das Werk nun wenigstens im Tal X gebaut werden müsse.

7. Wie es die Naturvereine machten, gehe es doch wirklich nicht! Die seien schließlich nicht allein da! Die Industrie habe ebenfalls ihr Lebensrecht. Wenn alle die Interessen der anderen so missachteten, wo käme man da hin?

8. Der Elektrizitätsverband habe in den letzten Jahren in zahlreichen Fällen nachgegeben, habe verschiedene Male dem Landschaftsschutz zuliebe auf wichtige Anlagen verzichtet und dadurch beträchtliche Aufwendungen erbringen müssen. Jetzt müsse aber damit Schluss sein!

9. Diese Naturschutzbestrebungen sollten wohl dahin führen, dass die Menschen wieder in Bärenfellen herumliefen und ihre Behausungen mit Kienspänen erhellten! Gedächten die Damen und Herren vielleicht, auf das Fernsehen zu verzichten und den Mixquirl wieder von Hand zu bedienen?

10. Die Forderung, keine (!) Industrieanlagen (!) mehr bauen und stattdessen die ganze Gegend (!) zum Wandern oder Jagen bestimmen zu wollen, sei doch völlig unsinnig.

11. Die betonte Naturpflege habe durchaus ihre Nachteile. Man ziehe doch durch die Naturschutzpropaganda (!) die Besuchermassen regelrecht herbei. Diese aber schadeten durch ihre bloße Anwesenheit wie auch durch Wegwerfen von Papier und Abfall, durch Abreißen der Pflanzen, durch Lärmen und Singen der Natur viel nachhaltiger, als es das umstrittene Kraftwerk je bewirken könne.
Umgekehrt könnten durch diese Argumentierungsweise die positiven Seiten der Elektrizitätserzeugung, gerade was den Naturschutz betrifft, hervorgehoben werden: Wassergewinnung, Vermeidung von Ruß und Staub, Betrieb von Mess- und Überwachungsanlagen oder Ähnliches.

12. Eine gewisse Kultivierung gehöre heute zum Landschaftsbild. Die völlig unberührte Natur gebe es in unseren Breiten nicht mehr. Sie würde dem Menschen auch gar nicht mehr gefallen. Also müssten Wege angelegt, Bäume gefällt, das Wild gehegt und gejagt werden, wer könne nun sagen, wo die Zivilisation anfangen und wo sie aufhören solle? Man müsse einen angemessenen Ausgleich zwischen beiden Forderungen herbeiführen. Man müsse sich vertragen lernen. Nur das stehe im Grunde zur Debatte.

13. Der ganze Streit um das Tal X sei in der gegenwärtigen Situation, in der die wirtschaftliche Expansion für das Land das wichtigste sei und die Industrialisierung in allen Erdteilen unaufhaltsam fortschreite, ganz unangebracht. Hätten wir wirklich nichts Besseres zu tun, als uns um das Tal X zu kümmern, wo es um unseren Platz in der Welt gehe, ein Ziel, für das die größtmögliche Elektrifizierung nun einmal die Voraussetzung bilde?
14. Es bestehe übrigens der Plan, in nächster Zeit zehn Kilometer vom Tal X entfernt eine

Satellitenstadt anzulegen. Auch werde ein neues Hartplattenwerk in dieser Gegend entstehen. Deren Stromversorgung sei aber nur gesichert, wenn das Kraftwerk inzwischen errichtet werde.

15. Hierzu könnte das Beispiel eines anderen Elektrizitätswerks angeführt werden, das sich in geradezu idealer Weise in die Landschaft einfüge. Fotos, auf denen dieses Werk hinter idyllischen Baumgruppen zu sehen ist, beweisen, wie nett man so etwas machen kann.

16. Es sei doch Romantik und purer Atavismus, Naturtümelei und feige Flucht vor den Aufgaben der Gegenwart, wenn man auf diese Weise versuche, den Gang der Entwicklung aufzuhalten und eine Kulturstufe mit allen Mitteln zu bewahren, die nun einmal überholt sei.

17. Gauß, Lenin und Oskar von Miller haben zu der Frage Aussprüche getan, die zitiert werden können.

18. Die ganze Art, wie man hier von privater Seite aus versuche, industriellen Vorhaben entgegenzutreten, um die Natur zu erhalten, sei doch völlig verfehlt! Auf diese Weise würden bestenfalls einzelne Oasen geschaffen, die dann inmitten der übrigen Umgebung ihren Charakter niemals behaupten könnten. Man müsse (...), wenn man schon Naturpflege betreiben wolle, große zusammenhängende Schutzgebiete errichten, die für immer ihrem Zweck gewidmet blieben und für Tier und Pflanzenwelt weiträumige Entfaltungsmöglichkeiten böten.

19.1 Das Paradoxe sei, dass die betonte und eifervolle Naturpflege bei den wirklich naturverbundenen Menschen überhaupt nicht anzutreffen sei, sondern immer einer späten Zivilisationsstufe entstamme, in der sie letzten Endes nutzlos bleibe. Von solchen restaurativen Bestrebungen gingen niemals irgendwelche größeren geistigen oder künstlerischen Impulse aus.

19.2 Es sei letztlich die Angst vor dem Leben, die sich hinter der illusionären Naturliebe verberge, das Zurückschrecken vor den eigenen Leistungen, der Libidoschwund und das Wirken unbewältigter Komplexe. Man solle solche psychischen Schäden nicht pflegen, sondern zu beheben suchen.

19.3 Als Initiatoren der künstlich geschürten Volkserregung seien wohl nur einige Jagdpächter und Gastwirte anzusehen, die bei der Sache ihre eigennützigen Interessen verfolgten, ferner die Heimat- und Trachtenvereine, die aber von einer gewissen Partei aus gesteuert und kontrolliert würden. Das Ganze sei also nichts weiter als ein getarntes Wahlmanöver!

Werner Rother, Die Kunst des Streitens, 3. neu bearb. Auflage 1988, S. 151–157, ISBN 978-3-7892-7800-3, Olzog Verlag, München, www.olzog.de

Lösung

1	Das Bestreiten der Tatsachen (Dementi)
2.1	Kausalitätsprüfung → aus der Verteidigung heraus.
2.2	→ offensiv → Anliegen des Gegners
3.	Unterscheiden und Zergliedern
4.1	Vergleich
4.2	Vergleich → Verhalten des Gegners
5.	Beweis vom Höheren zum Geringeren
6.	Beweis aus dem Gegenteil
7.	Allgemeinverbindlichkeit
8.	Summierung
9.	Widerlegung ad absurdum
10.	Entstellen der gegnerischen Behauptung
11.	Die zwei Seiten einer Sache (+ 2.1 + 4.2)
12.	Das Sowohl-als-auch-Prinzip
13.	Das Ausweichen ins Allgemeine
14.	Wenn und Aber
15.	Ausweichen ins Besondere
16.	Verurteilen mit Sammelbegriffen
17.	Berufung auf Autoritäten
18.	Beanstandung der Fragestellung (+ 14.)
19.1	Taktik, um hinter das gegnerische Argument zu gelangen → kulturgeschichtlich
19.2	→ psychologisch
19.3	→ materiell

Anwendungsbeispiel für Phase (iii)

»Auschwitz[1] beginnt da, wo jemand im Schlachthof steht und denkt, es sind ja nur Tiere.«[2]

Tommaso Ausili, The Hidden Death, Fotografie, 2010

Aufgabentyp I: (für etwa 1/3 der Schüler)

Versuche Adornos These mit einem guten Grund zu widerlegen!

Aufgabentyp II: (für etwa 2/3 der Schüler)

Versuche Adornos These mit dem Kunstgriff (z. B. 16.[3] – Verurteilung von Sammelbegriffen) zu widerlegen!

---

1 Das Stammlager Auschwitz I gehörte neben KZ Auschwitz II–Birkenau und KZ Auschwitz III–Monowitz zum Lagerkomplex KZ Auschwitz und war eines der großen deutschen Konzentrations- und Vernichtungslager.
2 Das Zitat wird Theodor W. Adorno (eigentlich Theodor Ludwig Wiesengrund-Adorno, 1903–1969) zugeschrieben. Adorno war ein deutscher Philosoph, Soziologe, Musiktheoretiker und Komponist.
3 Hier ist dann für jedes Team eine andere Rother-Ziffer einzusetzen.

3.10 Formulierungshilfen II + Meldewürfel

IP

Auch für die Phase der intuitiven Problemlösung gibt es besonders gut geeignete Fragen und Impulse, um das Vorwissen zu aktivieren, ein Problem zu erkennen bzw. auszuschärfen und von Kriterien geleitet eine (ganz) vorläufige erste Antwort auf die gestellte Problemfrage zu geben.

Die vorgeschlagene Arbeit mit einem ›Melde-Würfel‹ sollte nur in Absprache mit den Schülern erfolgen und nur phasenweise zum Einsatz kommen.

Intuitive Problemlösung

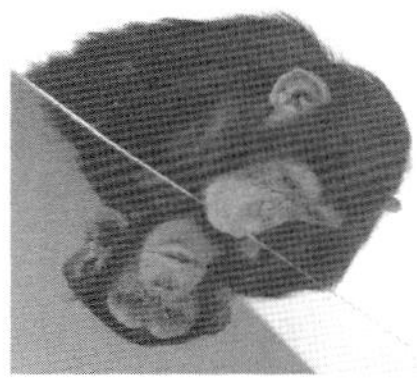

Wer aus der Arbeitsgruppe kann das Schema **näher erläutern**?

Fällt euch dazu noch etwas anderes **ein**?

Wie ist das **genau** zu verstehen?

Könnte man das auch **ganz anders** sehen?

Welcher **Frage** sollten wir **genauer** nachgehen?

Spricht etwas **gegen** diesen **Lösungsvorschlag**?

Welcher hier genannte **Begriff** bedarf noch einer genaueren **Erklärung**?

Wer versucht sich schon mal an einem ersten **Zwischenergebnis**?

Meldewürfel

In großen Lerngruppen mit 25 und mehr Schülern steht man als Unterrichtender immer wieder vor dem Problem der gerechten Verteilung von Redeanteilen bzw. vor der Frage, wie man denn die Schüler zur mündlichen Mitarbeit bewegen kann, die von sich aus nicht signalisieren, dass sie sich mit einem Redebeitrag am Unterrichtsgespräch beteiligen wollen. Wenn in der Regel die Schüler zu Wort kommen, die sich (ständig) freiwillig melden, haben stillere Schüler irgendwann gar keinen Grund mehr aufzuzeigen, denn es ist oder wird ja doch alles schon von anderen gesagt.

Diesen Problemen kann man konstruktiv dadurch entgegentreten, dass für bestimmte Unterrichtsphasen den Schülern (nach dem Zufallsprinzip durch Abzählen) die Ziffern 1–6 zugeteilt werden und man mit Hilfe eines (größeren) (Schaumstoff-)Würfels bestimmt, welche Schüler jetzt – zu einer bestimmten Frage – überhaupt Rederecht haben. Dies kann auch auf einer Karteikarte, die die Schüler wie ein Namenskärtchen vor sich stellen, visualisiert werden.

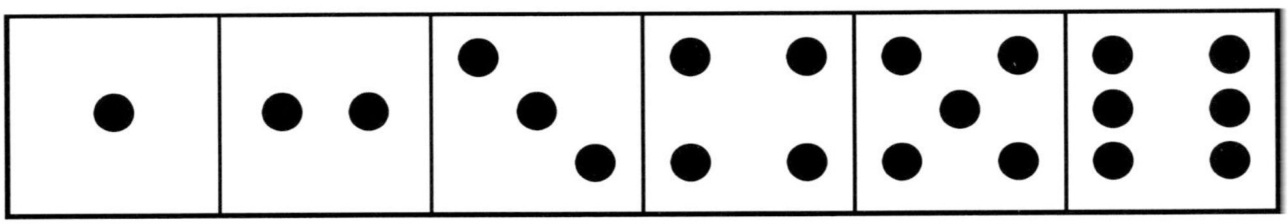

Außerdem werden die sechs Würfelseiten an die Tafel gemalt, und jede gewürfelte Zahl wird anschließend an der Tafel durchgestrichen, so dass nach sechs gestellten Fragen jeder Schüler die gleiche faire Chance hatte, sich mündlich zu beteiligen. Gegebenenfalls kann man jedem Schüler noch eine Joker-Würfelkarte mit allen sechs Würfelpunkten aushändigen, so dass jeder Schüler sich auch einmal – außerhalb der Würfelreihe – zu Wort melden kann.

Bei 30 Schülern in einer Lerngruppe bekommen – egal, welche Zahl man würfelt – maximal 5 Schüler das Melderecht zugesprochen. Dadurch wird die Möglichkeit, das Wort zu ergreifen plötzlich etwas Exklusives und Wertvolles, und die Zahl der Schüler, die überhaupt etwas sagen dürfen, angenehm berechenbar klein.

Der Einsatz eines Meldewürfels sorgt auch dafür, dass insgesamt mehr Schüler aus einer Lerngruppe sich beteiligen (können) und die Unterrichtenden eine breiter angelegte Beurteilungsbasis bekommen.

Wer sich auf Grund einer bestimmten Würfelzahl nicht melden darf, kann trotzdem mitdenken und auch – nach dem Motto: »Halt dein Wort fest!« – einen im Augenblick nicht möglichen Gesprächsbeitrag schriftlich fixieren, zu Hause ausarbeiten und zu einem späteren Zeitpunkt einbringen oder dem Unterrichtenden an die Hand geben.

Langfristig sollte diese Methode durch ihren Einsatz überflüssig werden und die Schüler selbst darauf achten, dass möglichst alle ihre Mitschüler im Laufe einer Stunde zu Wort kommen (können).

4.1 Gesprächsregeln

KP

Sprechen ist regelgeleitet. Wir müssen »bei uns selbst und den Anderen [immer schon] normative Bedingungen der Möglichkeit der Verständigung voraussetzen.«[1] Auf der Grundlage der bei jeder Sprechhandlung vorausgesetzten universalen Geltungsansprüche (Wahrheit, Richtigkeit, Wahrhaftigkeit, Verständlichkeit) hat Barbara Brüning mit Blick auf das ethische Unterrichtsgespräch konstitutive Regeln[2] formuliert, die für jede Art von philosophischer Gesprächssituation von Bedeutung sind.
Dies gilt vor allem für die Problem-Formulierung (2.1), das Festhalten von Zwischenergebnissen (2.2), den Unterschied zwischen Standpunkt und Bericht (3.7 + 3.8) und die Begriffsarbeit (3.6), für die es aus diesem Grund eine eigene Diskurs-Station gibt.
Gesprächsregeln stellen für Schüler eine wichtige Orientierungshilfe dar. Deshalb sollten sie – auch mit Blick auf die Förderung der Sozialkompetenz – nicht nur ganz zu Beginn eines Schuljahres thematisiert, sondern kontinuierlich angewendet werden. Da es hierbei ganz wesentlich um das Toleranzgebot geht, ist die konsequente Umsetzung der Gesprächsregeln im Unterricht ein gelebter Beitrag zur Werteerziehung.[3]
Mit Blick auf das Anliegen der Philosophie als ›Liebe zum Wissen‹ gewinnt der letzte Regelpunkt eine ganz besondere Bedeutung, weil Ausweg- oder Ratlosigkeit (Aporie) als bewusste Form des Nichtwissens ehrlicher und wichtiger sind als (vor)schnelles Urteilen.

Bei jedem Unterrichtsgespräch

Plenum

- Regeln unterstützen das eigenverantwortliche Denken und Handeln. Sie sollten von den Schülern in ein persönlich gestaltetes Format gebracht und im Kurs- oder Klassenraum veröffentlicht werden.
- Der permanente, metakommunikative Bezug auf die geltenden Gesprächsregeln trägt zu ihrer Habitualisierung bei.
- Auch professionelles Classroom-Management kommt nicht ohne transparentes Regelwerk aus. Als objektiver, verbindlicher Bezugspunkt für alle Lehrer und Schüler entlastet es den Unterrichtenden, weil man auf jede Form von Regelverstoß wie ein unbeteiligter Schiedsrichter reagieren kann.
- Es spricht nichts dagegen, die Regelkontrolle in die Hand der Schüler zu geben. Ein eigens bestimmter Regelbeobachter muss dann aber auch das Recht haben, sich jederzeit (mit einem bestimmten Handzeichen) zu Wort zu melden.
- Die Besprechung einzelner Regelpunkte lädt gerade dazu ein, sich intensiver mit dem Toleranzgedanken (Lob der Intoleranz[4]) und dem Leben und Werk von Sokrates (Apologie) zu beschäftigen.

- Natürlich muss sich auch der Unterrichtende selbst an die Regeln halten. Sonst könnten ihm seine Schüler den Vorwurf machen, dass sein Verhalten kontraproduktiv und unglaubwürdig sei.
- Bei entsprechender Regeleinhaltung braucht nicht mit Schülerlob gespart zu werden. Ehrliches, positives Feedback ist ein extrem wichtiger Motivationsfaktor.

---

1 Jürgen Habermas, Was heiß Universalpragmatik?, in: Theorie-Diskussion Sprachpragmatik und Philosophie, hrsg. von Karl-Otto Apel, Suhrkamp Verlag, Frankfurt a. M. 1976, S. 175.

2 Barbara Brüning, Regeln für ein ethisches Gespräch, in: Lehrerbegleitbuch Ethik, Bd. 1, Leipzig 1994, S.7 f.

3 Vgl. dazu: Rolf Dubs, Lehrerverhalten. Ein Beitrag zu Interaktion von Lehrenden und Lernenden im Unterricht, Franz Steiner Verlag, Stuttgart 2009, S. 378 (Kategorien der Werteerziehung im Schulalltag).

4 Vgl. dazu: Leszek Kolakowski, Lob der Inkonsequenz, in: Leszek Kolakowski, Der Mensch ohne Alternative, Piper Verlag, München 1976, S. 244 ff.

Gesprächsregeln

: ...?	Das **Thema** des Gesprächs sollte vorher genau festgelegt werden (z. B. an der Tafel notieren). Als Formulierung bietet sich eine Frage an oder die Gegenüberstellung kontroverser Positionen.
	Den Schülern und Schülerinnen muss der Unterschied zwischen (begründungsbedürftigen) **Meinungen** zu Fragen und nicht diskutierfähigen **Erzählungen** und **Berichten** aus ihrer Lebenswelt deutlich sein.
 ≠ richtig/falsch	Ein eindeutiges »**Richtig**« oder »**Falsch**« gilt nur in Bezug auf die Reproduktion oder Reorganisation von Grundwissen, nicht aber im Hinblick auf die geäußerten Meinungen.
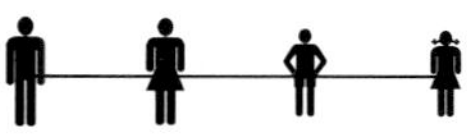	**Jede** Meinung ist es wert, geprüft zu werden. Auf Verständnis wie auf ihre sachbezogene Prüfung unabhängig von der Person dessen, der sie geäußert hat, ist hinzuwirken (gilt auch für Texte).
G→  ←→ ?	Geäußerte Meinungen müssen durch **Argumente** gestützt werden; unbegründete Behauptungen werden zurückgewiesen.
A = A	**Gut** begründete Auffassungen, die zum Thema gehören, sind besonders herauszustreichen (z. B. durch Notieren an der Tafel).
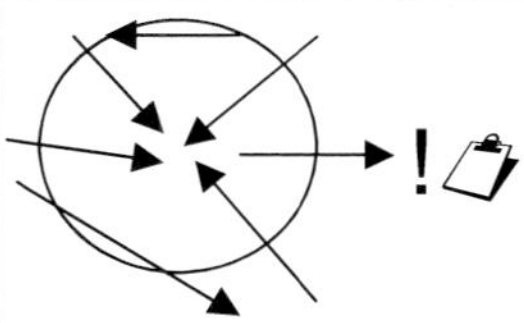	Es ist darauf zu achten, dass sich die Meinungen und Begründungen aufeinander beziehen und der gesamte so entstehende Gedankengang auf das **Thema bezogen** bleibt (ggf. gute, aber die thematische Stringenz störende Äußerungen in einem »Ideenkorb« schriftlich an der Tafel festhalten).
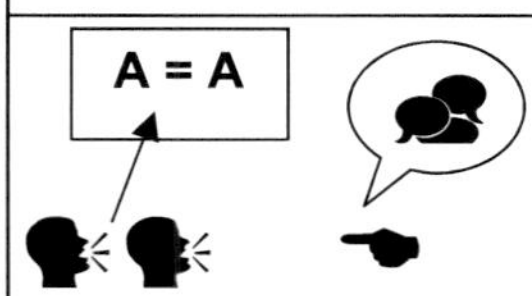	Wenn nötig (z. B. bei Gefahr eines zerfasernden Gesprächs) sollten **Zwischenergebnisse** festgehalten und auf einer Metaebene Rechenschaft über den bisherigen Gesprächsverlauf abgelegt werden.
GLÜCK ↓ 	Eine Klärung verwendeter abstrakter **Schlüsselbegriffe**, wie z. B. Gerechtigkeit, Glück oder Freiheit, sollte vorgenommen werden (ggf. auch durch die Angabe von Beispielen oder durch Veranschaulichungen möglich).
??? = +	Oft führen philosophische Gespräche nicht zu eindeutigen Ergebnissen und enden **offen** (aporetisch). Ihr Erkenntniszuwachs besteht dann in einem differenzierteren Problembewusstsein.

4.2 Rollendebatte

KP

Als sinnvolle Alternative zum lehrerzentrierten Unterrichtsgespräch sind in den letzten Jahren viele Methoden entwickelt worden, die die Schüler – nach genau definierten Verfahren – individuell, intensiv und ergebnisorientiert miteinander ins Gespräch bringen und sie dazu anleiten, einander zuzuhören, argumentativ aufeinander einzugehen und sich in die Rolle eines anders Denkenden zu versetzen.
Dazu gehören neben der Strukturierten[1] und der Amerikanischen[2] Debatte vor allem die Strukturierte Kontroverse[3], das so genannte Aquarium oder Fish Bowl[4] und die Beraterdiskussion[5]. Sie alle verstehen sich als Vorschule für die ›große‹ Debatte oder Podiumsdiskussion und wollen den Schülern zu einem begründeten und ausgewogenen Urteil verhelfen.
Philosophiedidaktisch betrachtet sind alle diese Methoden interessant und wertvoll, weil sie – mit unterschiedlicher Akzentuierung – dazu beitragen die philosophische Urteilskompetenz zu fördern.
Hier soll näher auf die weniger bekannte, aber für die Strukturierung einer diskursiv angelegten Argumentation sehr hilfreiche Rollendebatte[6] eingegangen werden, bei der die Pro- und Contra-Seite von drei Vertretern mit einer genau definierten Funktion vertreten werden: einem Eröffner, einem Abwäger und einem Appellierer. (i) Sie werden z. B. nach dem Zufallsprinzip aus den beiden Hälften einer Lerngruppe (Pro- und Contra-Seite) bestimmt. (ii) Die übrigen Schüler jeder Seite ordnen sich freiwillig einem der Vertreter zu und bereiten zusammen mit ihm den stichwortgestützten Debatteneinsatz vor. (iii) Unmittelbar vor Beginn der Rollendebatte wird ein Meinungsbild zu der strittigen Frage erstellt. (iv) Die sechs Rollenvertreter nehmen links und rechts neben einem (eigens bestimmten) Debattenleiter Platz, die übrigen Schüler werden nach dem Zufallsprinzip zu Pro- und Contra-Beobachtern bestimmt. (v) Dann erteilt der Debattenleiter zunächst dem Eröffner der Pro-Gruppe für drei Minuten das Wort, anschließend dem Eröffner der Contra-Gruppe. Beide legen dem Plenum in Grundzügen ihren jeweiligen Standpunkt dar, (vi) auf den dann die Abwäger beider Positionen nacheinander eingehen. Sie sollen dabei begründet darlegen, warum die Argumente der eigenen Position stichhaltiger sind als die der Gegenseite. (vii) In einem knappen Schlusswort heben die Appellierer noch einmal die stärksten Argumente der Pro- und Contra-Seite ins Bewusstsein und versuchen so die Zuhörer von ihrem Standpunkt zu überzeugen. (viii) Ob es ihnen gelungen ist, zeigt ein erneutes Meinungsbild. (ix) Abschließend tauschen sich die Beobachter (nach dem Schneeballprinzip) über ihre Bewertungen aus, bündeln sie, und ein Sprecher stellt das Ergebnis unter Angabe von Gründen im Plenum vor.

45 – max. 90 Minuten

Einzelarbeit → Gruppenarbeit → Plenum

- Die Rollendebatte integriert zentrale Elemente der anderen Debattenformen, z. B. das Beraterprinzip (Beraterdiskussion), die intensive Auseinandersetzung mit Gegenargumenten (Strukturierte bzw. Amerikanische Debatte und Strukturierte Kontroverse) und das Stellvertreterprinzip (Aquarium).
- Die arbeitsteilige Erschließung argumentativer Aufgaben entlastet den Einzelnen und schärft zugleich den Blick für das Wesentliche unterschiedlicher Darstellungsaufgaben[7]: Standpunkt darlegen – Argumente abwägen – Fazit.
- Die Vorbereitung, Durchführung und Evaluation der Rollendebatte nimmt relativ viel Zeit in Anspruch und legt die Schüler auf definierte Rollen fest, bereitet sie aber genau dadurch optimal auf das schriftliche Argumentieren (etwa bei Klausuren) vor.
- Der stichwortgestützte Plenumsvortrag in den Phasen (iv) – (vii) ist ein wichtiger Beitrag zum Aufbau und Ausbau der Diskurskompetenz.[8]

- Die Beurteilungskriterien für die Debatten-Beobachter sollten vor allem mit Blick auf Qualitätsmerkmale von Argumenten (→ 3.8) vor dem Methodeneinsatz geklärt werden.
- Karteikarten mit den entsprechenden Funktionsbezeichnungen (Eröffner, Abwäger, Appellierer) erleichtern für Debattenleiter und Publikum die Rollenzuordnung.
- Nach den Schlussworten der Appellierer kann man optional noch eine offene Diskussionsphase anschließen, falls dies von Seiten des ›Publikums‹ gewünscht wird.
- Die Rollendebatte ist eine gute Vorbereitung auf das Verfassen von Essays bzw. die Durchführung einer Essaywerkstatt[9].

---

1 Vgl. dazu z. B.: Ludger Brüning/Tobias Saum, Erfolgreich unterrichten durch Kooperatives Lernen. Neue Strategien zur Schüleraktivierung – Individualisierung – Leistungsbeurteilung – Schulentwicklung, Neue Deutsche Schule Verlagsgesellschaft, Essen 2009, S. 43 ff.

2 U.a. vorgestellt von: Günther Gugel, Methoden-Manual »Neues Lernen«. Tausend Vorschläge für die Schulpraxis, Beltz-Verlag, Weinheim und Basel 2006, S. 169.

3 Knapp und übersichtlich dargestellt von: Diethelm Wahl, Lernumgebungen erfolgreich gestalten, Verlag Julius Klinkhardt, Bad Heilbrunn 2006, S. 278 ff. (Strukturierte Kontroverse).

4 Vgl. dazu: Wolfgang Mattes, Methoden für den Unterricht. 75 kompakte Übersichten für Lehrende und Lernende, Schöningh Verlag im Westermann Schulbuchverlag, Paderborn 2002, S. 54.

5 Dietrich Erlach und Bernd Schurf (Hg.) nennen sie ›Diskussion mit Gruppenschutz‹, in: Methodentraining: Projekt Medien und Meinungsbildung, Cornelsen-Verlag, Berlin 2002, S. 50 (Berater-Diskussion, heißt hier: Diskussion mit Gruppenschutz).

6 Sie wird unter dem Titel ›Debatte‹ vorgestellt in: Deutschbuch, Sprach- und Lesebuch 7, Neue Ausgabe, hrsg. von Bernd Schurf und Andrea Wagener, Cornelsen-Verlag, Berlin 2006, S. 41 f. – Meine Kollegin F. Niedrig hat mich auf die Methode, die hier in modifizierter Form vorgestellt wird, aufmerksam gemacht.

7 Beschlüsse der Kultusministerkonferenz, Einheitliche Prüfungsanforderungen in der Abiturprüfung, Philosophie, Beschluss der Kultusministerkonferenz vom 1. 12. 1989 i. d. F. vom 16. 11. 2006, Wolters Kluwer Verlag, München-Neuwied 2007, Operatoren, Darstellen AB I–II, S. 9.

8 Vgl. dazu die Indikatoren von Anita Rösch, Kompetenzorientierung im Philosophie- und Ethikunterricht, LIT-Verlag, Berlin 2009, S. 298 f.

9 Eine dazu passende Essaywerkstatt mit 12 Modulen findet sich in: Michael Wittschier, Textschlüssel Philosophie. 30 Erschließungsmethoden mit Beispielen, bsv-Patmos, München 2010, S. 138–168.

Strukturierte Debatte

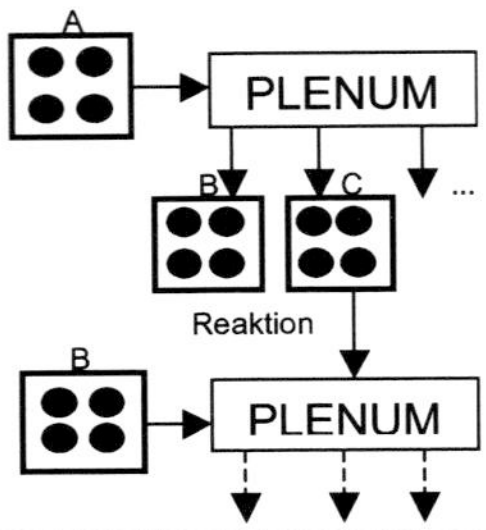

(i) Die Schüler erarbeiten sich in Einzelarbeit eine fundierte Stellungnahme. (ii) Diese werden in Kleingruppen vorgestellt, zu einer gemeinsamen Gruppenansicht gebündelt und (iii) entsprechend im Plenum vorgestellt. (iv) Danach bildet sich jeder Schüler seine Meinung zu den vorgetragenen Argumenten und (v) stellt sie seiner Kleingruppe vor. Daraus wird gemeinsam eine bestimmte Stellungnahme entwickelt. (vi) Eine der Kleingruppen präsentiert im Plenum ihre Reaktion auf die Stellungnahme in Phase (iii).
Anschließend (vii) stellt eine weitere Gruppe ihre Stellungnahme zum Thema vor, und es wiederholen sich dann entsprechend die Phasen (iv) – (vi).

Amerikanische Debatte

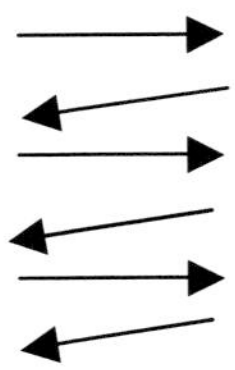

(i) Zu Pro- und Contra-Standpunkt bilden sich gleich große Untergruppen: In ihnen werden Argumente gesammelt. (ii) Aus jeder Gruppe nimmt ein Vertreter auf der Pro- bzw. Contra-Seite an einem Tisch Platz: Im Zickzack-Verfahren werden nacheinander Pro- und Contra-Argumente vorgetragen. (iii) In einem 2. Durchgang antwortet der Vertreter der Contra-Seite sofort auf das eben gehörte Argument der Pro-Seite usw. Zwei Schüler achten als Schiedsrichter darauf, dass nur zur Sache gesprochen wird und dass der Pro-Contra-Verlauf konsequent eingehalten wird; ggf. fungiert eine Schülergruppe als Jury.

Strukturierte Kontroverse

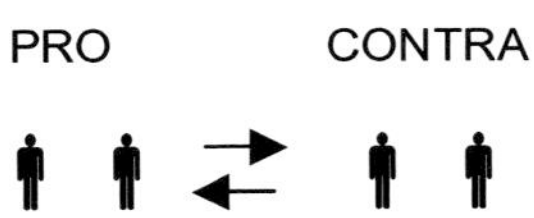

Ein kontroverses Thema wird mit Texten oder anderen Informationsquellen vorbereitet (Pro-/Contra ...). Die Lernenden werden innerhalb einer Vierergruppe in ein Pro- und ein Contra-Paar eingeteilt. ***Aneignungsphase:*** Die Paare werden zu Experten zu einem Standpunkt A bzw. einem Standpunkt B (z. B. durch Textarbeit)
Vermittlungsphase: Die Paare präsentieren sich ihre Pro- und Contra-Argumente innerhalb der Vierergruppe.
Vertiefungsphase: Die Positionen werden miteinander diskutiert. Danach tauschen die Paare sowohl die Rollen als auch die Plätze und machen sich zu Experten der bisherigen Gegenposition. Danach erfolgt ein erneuter Schlagabtausch in der Vierergruppe. Als Ziel wird eine Konsensfindung innerhalb der Vierergruppe angestrebt. Als ***Anschlussmethode*** eignet sich das Gespräch im ›Aquarium‹.

Aquarium/Fish-Bowl

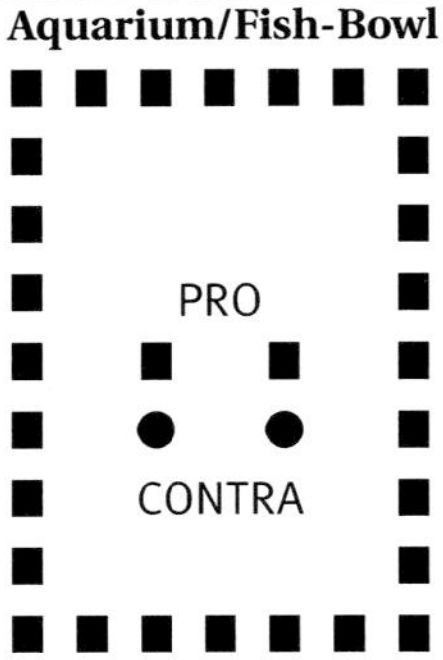

Wie in einem Aquarium sitzen die Diskutanten in der Mitte des Raumes. Alle anderen gruppieren sich in einem Außenkreis bzw. einem äußeren Rechteck. Im Innenkreis stehen für die Pro- und Contra-Gruppe jeweils 3 Stühle zur Verfügung. Nur zwei Stühle werden besetzt. Die Vertreter der Pro- und Contra-Position beginnen eine Diskussion. Die Teilnehmer im Außenkreis verfolgen den Gesprächsverlauf im Innenkreis (ggf. mit Beobachtungsaufgaben). Drängt es jemanden, sich in die Auseinandersetzung im Innenkreis einzumischen, kann er den leeren Stuhl der Pro- bzw. Contra-Seite besetzen. Wer neu dazukommt, hat Rederecht. Nach einer vereinbarten Zeit (z. B. 2 Minuten) muss er wieder in den Außenkreis zurückkehren. Wenn ein Teilnehmer im Außenkreis den Eindruck hat, dass keine neuen Argumente mehr genannt werden, kann er den Antrag stellen, die Diskussion zu beenden. Über den Antrag wird abgestimmt.

Berater-Diskussion

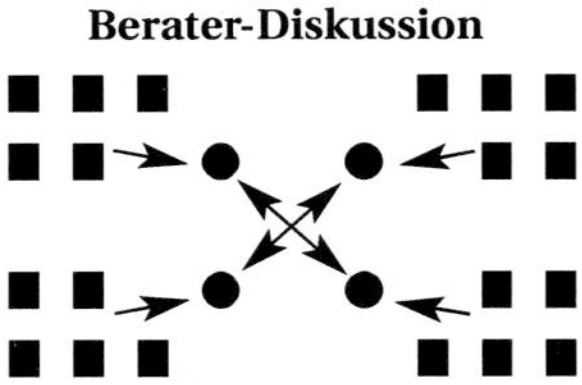

An einer Pro- und Contra-Diskussion bzw. einer Expertenrunde im Innenkreis nehmen 3–4 Redner teil. Hinter den Argumentierenden platzieren sich ihre Berater, die gemeinsam mit ihrem Sprecher (im Innenkreis) im Vorfeld der Diskussion Argumente für eine Position gesammelt haben. Vor der Diskussion, in Diskussionspausen oder aber auch während der Diskussion versorgen sie ihren Sprecher mit neuen Argumenten (ggf. schriftlich mit einem Stichwort).

Rollen-Debatte

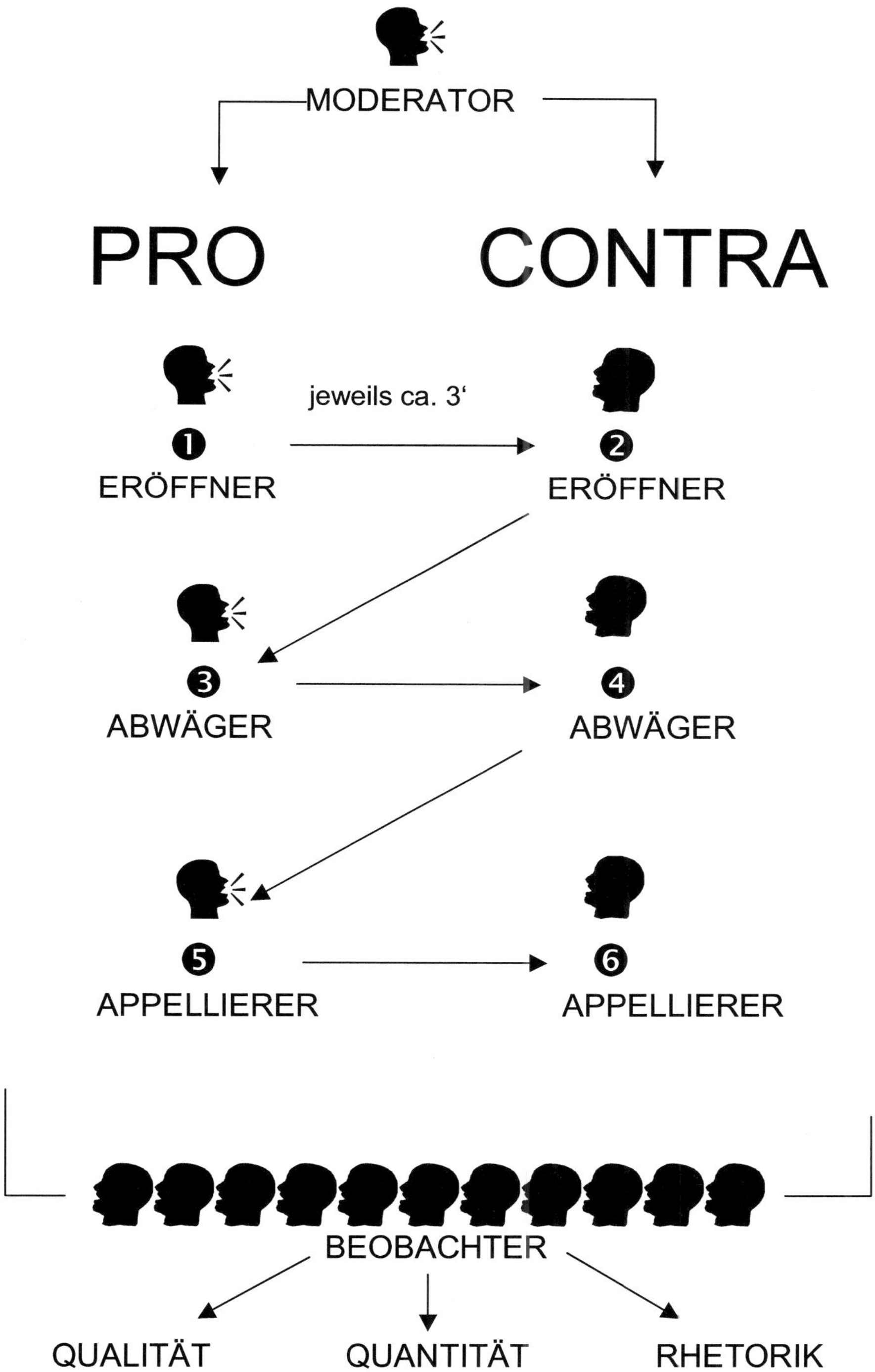

PRO

BEOBACHTER

QUALITÄT — QUANTITÄT — RHETORIK

++	+	−	− −		++	+	−	− −		++	+	−	− −

CONTRA

BEOBACHTER

QUALITÄT — QUANTITÄT — RHETORIK

++	+	−	− −		++	+	−	− −		++	+	−	− −

Textgrundlage für eine Rollendebatte zum Thema Staatsphilosophie:

»Sollte ein Staat von einem Herrscher (Leviathan) regiert werden, dem alle Bürger ihre Macht übertragen haben und der mit Hilfe folgender Rechte und Befugnisse dafür sorgt, dass der Krieg aller gegen alle (im Naturzustand) beendet wird und die Menschen im Staat friedlich zusammenleben?«

1. Die Untertanen eines Monarchen [können] **weder ohne seine Erlaubnis die Monarchie abschütteln** und zu den wirren Zuständen einer ungeeinten Menge zurückkehren noch ihre Person von dem, der sie verkörpert, auf einen anderen Menschen oder eine andere Versammlung von Menschen **übertragen**.
2. Seitens des Souveräns [kann] der Vertrag nicht gebrochen werden, und folglich kann sich **keiner seiner Untertanen von seiner Unterwerfung befreien**, indem er sich auf Verwirkung beruft.
3. Da die Mehrzahl übereinstimmend einen Souverän ernannte, hat derjenige, welcher **dagegen** stimmte, **nunmehr** mit den Übrigen **überein** zu stimmen, das heißt, sich mit der Anerkennung aller zukünftigen Handlungen des Souveräns zufrieden zu geben, **oder** aber er wird rechtmäßig von den Übrigen **vernichtet**.
4. [Der Leviathan kann] durch keine seiner Handlungen einem seiner Untertanen Unrecht zufügen (...) und [darf] (...) **von keinem von ihnen eines Unrechts angeklagt** werden (...)
5. Es folgt aus dem zuletzt Gesagten, dass **niemand**, der **souveräne Gewalt** innehat, rechtmäßig [...] von seinen Untertanen **bestraft** werden kann.
6. Es [gehört] zu den Rechten des Inhabers der souveränen Gewalt, **Richter** über alle Meinungen und Lehren zu sein.
7. Mit der Souveränität ist die gesamte Zuständigkeit zum **Erlass der Regeln** verbunden, aus denen jeder entnehmen kann, welche Güter er genießen und welche Handlungen er vornehmen darf, ohne von einem seiner Mit-Untertanen belästigt zu werden. Und dies ist es, was man **Eigentum** nennt.
8. Mit der Souveränität ist das Recht der **Rechtsprechung** verbunden.
9. Mit der Souveränität ist das Recht der **Kriegserklärung** und des Friedensschlusses gegenüber anderen Nationen und Staaten verbunden.
10. Mit der Souveränität ist das Recht zur **Auswahl aller** Räte, Minister, **obrigkeitlicher Personen** und Beamten verbunden, im Frieden wie im Krieg.
11. Dem Souverän ist die Gewalt übertragen, gemäß dem von ihm erlassenen Gesetz jeden Untertanen mit Reichtum und Ehren zu **belohnen** und mit Körper- oder Geldstrafen oder Schande zu bestrafen.
12. Es [ist] notwendig, dass es Gesetze der Ehre und eine öffentliche **Rangordnung** des Wertes solcher Menschen gibt, die sich um den Staat verdient gemacht haben.

Dies sind die Rechte, die das Wesen der Souveränität ausmachen und die die Merkmale sind, an denen man erkennen kann, in welchem Menschen oder in welcher Versammlung von Menschen die souveräne Gewalt liegt und ihren Sitz hat. Denn sie sind **unübertragbar** und **untrennbar**.

Thomas Hobbes, Leviathan oder Stoff, Form und Gewalt eines kirchlichen und bürgerliches Staates, hrsg. und eingeleitet von Irving Fetscher, übersetzt von Walter Euchner, © 1991, Luchterhand Literaturverlag, München, in der Verlagsgruppe Random House, Lizenzausgabe Suhrkamp Taschenbuch Verlag 2004, stw 462, S. 94 ff., 136 ff., 255.

4.3 Sokratisches Gespräch

KP

Die von Leonard Nelson in den 20er Jahren des letzten Jahrhunderts begründete Methode des Sokratischen Gesprächs, die wesentliche Merkmale des Sokratischen Dialogs (Mäeutik) unter neuen Vorzeichen philosophisch neu belebt,[1] unterscheidet sich von allen anderen bisher vorgestellten Gesprächsformaten (4.2), weil sie im Rahmen einer symmetrischen Kommunikationssituation und unter strenger Beachtung eines bestimmtes Regelwerks ausdrücklich den Konsens über ein strittiges Thema bzw. eine kontrovers diskutierte Fragestellung unter den Teilnehmern anstrebt. Der Sokratische Dialog versteht sich als philosophischer Dreiklang aus antiker Fragetechnik, dem Anspruch der Aufklärung (»sapere aude!«) und den Prinzipien der Diskurstheorie.

»Zentrale Anliegen des Verfahrens sind die Förderung selbstständigen Denkens und der Fähigkeiten, logisch-sachbezogen zu argumentieren und klar zu formulieren.«[2] Dabei soll ein Alltagsbeispiel Schritt für Schritt umfassend analysiert und zugleich »regressiv abstrahiert« werden, so dass am Ende des strukturierten Gesprächs klar zwischen den zufälligen, notwendigen und hinreichenden Begriffseigenschaften unterschieden werden kann. Bei auftretenden Verständnis- oder Kommunikationsproblemen ist jederzeit ein Metagespräch möglich.

Die Gesprächsteilnehmer müssen sich verpflichten, kurz, klar und deutlich ihre eigene Meinung zu vertreten und sich an die in 4.1 formulierten Gesprächsregeln zu halten.

Der Gesprächsleiter soll wie ein guter Katalysator wirken, d. h. sich ›aktiv neutral‹ bezüglich der Argumentation verhalten und den Gesprächsverlauf philosophisch ertragreich und übersichtlich (›roter Faden‹) gestalten.

mindestens 45 Minuten

Plenum

- Da es beim Sokratischen Gespräch um Konsens geht, darf die Gruppe nicht zu groß sein und auf keinen Fall sollte sie mehr als 18 Gesprächsteilnehmer haben, ggf. muss man einen (sehr) großen Philosophiekurs teilen und in zwei verschiedenen Räumen arbeiten lassen. Der in diesem Fall benötigte zweite Gesprächsleiter müsste im Vorfeld der Stunde entsprechend instruiert werden.
- Der Erfolg der Methode hängt wesentlich davon ab, dass sich alle Teilnehmer an die Gesprächsregeln und den vorgeschriebenen Verlauf halten. Das gelingt aber in der Regel erst beim zweiten oder dritten Anlauf. Deshalb sollte man mehrere Sokratische Gespräche in einem Zeitraum von 3–4 Wochen vorsehen.

- Die in 4.1 vorgestellten Regeln für philosophische Gespräche lassen sich mit Hilfe mehrerer Sokratischer Gespräche besonders gut einüben.

- Die Methode und ihre konstitutiven Regeln sollten den Schülern einige Zeit vor dem eigentlichen Gespräch vorgestellt werden; es kann nur dann gelingen, wenn die Teilnehmer ihre ausdrückliche Einwilligung dafür geben.
- Die Ergebnisse der einzelnen Gesprächsschritte kann entweder der Gesprächsleiter schriftlich fixieren oder ein eigens bestimmter Protokollant; ggf. kann man hier auch mit dem Minutenprotokoll (2.2) arbeiten.
- Die Verschriftlichung der Gesprächsergebnisse lassen sich auch gut auf Folie oder einem Plakat fixieren.

---

1 »Wenn diese Methode ›sokratisch‹ genannt wird, dann nicht deshalb, weil Sokrates (...) als Modell des sokratischen Lehrens gelten kann.«: Das sokratische Gespräch, hrsg. von Dieter Birnbacher und Dieter Krohn, Reclam Verlag, Stuttgart 2002, S. 7 (Einleitung).

2 Susanne Popp, Das sokratische Gespräch – Eine Methode der diskursiven Begriffsklärung, © 2001 Susanne Popp, Weingarten; © sowi-online e.V., Bielefeld, http://www.sowi-online.de/methoden/lexikon/ sokratisches_gespraech_popp.htm

Schema für den Gesprächsverlauf

?	**Thema**	Bekanntgabe oder Wahl eines Themas / einer Fragestellung
	**Hinführung**	Vorgabe eines **Beispiels** oder Sammeln von Alltagsbeispielen[1] → Themen- / Fragestellung
• • • •	**1. Schritt:**	Beispiel → **Sammeln** von Eigenschaften + Gründe für die Themen-/Fragestellung = Analyse, aber keine Diskussion
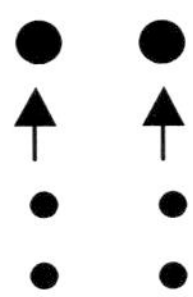	**2. Schritt**	**Zusammenfassung** und Ordnung der genannten Eigenschaften + Gründe; ggf. Erörterung von Gründen für bzw. gegen die Zusammenfassung unter einem bestimmten Oberbegriff → **Konsens**
•••?	**3. Schritt**	Suche nach **weiteren Beispielen**: »Fehlt noch etwas?«
	**4. Schritt**	**Unterscheidung** von zufälligen, notwendigen und hinreichenden Eigenschaften → **Konsens**
? =	**5. Schritt**	Erarbeitung von **wesentlichen** Kriterien für die Begriffsbestimmung → **Konsens**
← ! →	**6. Schritt**	Rückblick + Würdigung des gefundenen Konsens + Fixierung von noch offenen Teilfragen

Metagespräch (jederzeit möglich)

- Organisation
- Störung(en)
- Fragen
- Verlauf

1 Beispiele → Beispielauswahl + Beispielbestimmung

Nach Detlef Horster: Das Sokratische Gespräch in Theorie und Praxis, Opladen 1994, S. 55–65 + Barbara Neißer, http://www.learn-line.nrw.de/angebote/praktphilo/didaktik/sokra_moegl_unterr.pdf

Mögliche Themen Sokratischer Gespräche

- Dürfen wir streiten?
- Unter welchen Voraussetzungen entsteht gegenseitiges Vertrauen?
- Denken wir zu viel?
- Eifersucht und Freiheit in Beziehungen
- Wann hat der Mensch einen freien Willen?
- Gibt es berechtigte Ungleichheiten?
- Was bedeutet es, verantwortlich zu handeln?
- Ist alles Private politisch?
- Sind wir verantwortlich für die Zukunft?
- Gibt es ein Leben vor dem Tod?
- Macht und Gewalt – zwei Gesichter einer Sache?
- Brauchen wir Ideale?
- Soll man die Frage der Abtreibung allein den Frauen überlassen?
- Toleranz und Gleichgültigkeit
- Wie erkenne ich, dass ich mich irre?
- Wenn ich nicht an mich denke, wer soll dann an mich denken, aber wenn ich nur an mich denke, wozu lebe ich dann?
- Worin besteht der Unterschied zwischen Wahrscheinlichkeit und Wahrheit?
- Was bedeutet »sinnvoll«?
- Was ist Unrecht?
- Ist die Welt logisch, oder denken wir nur so?
- Gibt es Tugenden, die unser Leben bestimmen sollten?
- Sind Freiheit und Staat vereinbar?
- Gibt es zufällige Ereignisse?
- Hat die Natur ein Recht?
- Imagination – nutzen mir die Bilder meiner Einbildungskraft?
- Was heißt es, eine Behauptung zu begründen?
- Gleichheit – gibt es die?
- Wert und Unwert von Disziplin
- Nationalgefühl und Nationalismus – wie bewerten wir das?
- Was ist Zeit?
- Welches ist der Unterschied zwischen »wahr« und »wahrhaftig«?
- Ist Fraktionszwang bindend?
- Unter welchen Bedingungen wird Uneinigkeit fruchtbar?
- Wodurch verletzen wir die Würde anderer Menschen?
- Können wir die Realität erkennen?

(Eine Auswahl von Themen Sokratischer Wochen der GSP von 1987–1994 aus: Krohn/Walter: Sokratische Gespräche der Philosophisch-Politischen Akademie seit 1966 – eine Dokumentation, in: Knappe/Krohn/Walter (Hrsg.), Vernunftbegriff und Menschenbild bei Leonard Nelson. Frankfurt/M: dipa-Verlag, 1996, Seite 135–148, leicht gekürzt zitiert nach: Das Sokratische Gespräch im Unterricht, Bericht aus dem Arbeitskreis von Mechthild Goldstein und Klaus Draken, in: PHILOSOPHIEUNTERRICHT IN NRW Nr. 36 (2001) (Hg. Fachverband Philosophie, Landesverband NRW).

Beispiele für die Frage: »Was ist gerecht?«

❶ Ich lernte vor einigen Jahren drei Brüder kennen, die zusammen fischen gingen. Klaus, der älteste Bruder, hatte eine Familie mit vier Kindern im Alter von 2–12 Jahren. Er war körperlich klein und deshalb nicht so leistungsfähig. Heinz, der mittlere Bruder, ein großer starker Mann, war Junggeselle. Er rackerte sich ab und arbeitete für zwei. Theo, der jüngste Bruder, hatte gerade geheiratet. Durch einen Unfall in der Kindheit war er am linken Arm stark behindert. Er arbeitete auf dem Boot, so gut er es vermochte.
Die drei Brüder verkauften die gefangenen Fische und teilten den Erlös so auf, dass jeder Bruder mit dem gleichen Lohn nach Hause ging.

❷ Ich kannte mal einen Mathematiklehrer, der einem begabten Schüler trotz richter Lösung nur die Note 4 gab, wenn der sich nicht – entsprechend seinen Fähigkeiten – anstrengte und eine herausragende Lernleistung erbrachte, und der umgekehrt einem Schüler, dem das mathematische Problemlösen schwer fiel, die Note 2 gab, wenn der, obwohl er nicht alle Aufgaben richtig lösen konnte, über seine mathematischen Verhältnisse hinausgewachsen war.

❸ Der Künstler Joseph Beuys (1921–1986) war der Meinung, dass jeder, der den Wunsch hat, Kunst zu studieren, nicht durch Zulassungsverfahren, wie zum Beispiel ein Mappenverfahren (der Bewerber musste einen Nachweis seines Talents in Form von Arbeiten vorlegen) oder einen Numerus clausus daran gehindert werden sollte. Seinen Kollegen [an der Düsseldorfer Akademie] teilte er mit, dass er alle von anderen Lehrern abgelehnten Bewerber um einen Studienplatz in seine Klasse aufnehmen werde. Mitte Juli 1971 wurden 142 von 232 Bewerbern für ein Lehramtsstudium im normalen Zulassungsverfahren abgelehnt (...) und von Beuys in seine Klasse aufgenommen (...); er hatte im folgenden Semester etwa 400 Studenten [statt der erlaubten 30]. (...) Am 15. Oktober 1971 besetzte Beuys mit siebzehn Studenten seiner Gruppe das Sekretariat der Akademie. (...) Als Beuys mit abgewiesenen Studenten 1972 erneut das Sekretariat der Kunstakademie Düsseldorf besetzte, entließ ihn Minister Rau fristlos. Von Polizisten begleitet musste Beuys zusammen mit seinen Studenten die Akademie verlassen.

Quelle: wikipedia (Sept. 2010)

4.4 Nach-Denken

KP

In allen Phasen des Unterrichts besteht die Möglichkeit zur textfreien Sach- oder Problemerörterung.
In der Hinführungs- oder Problemeröffnungsphase kann mit ihrer Hilfe ein »philosophisches Problembewusstsein«[1] für die anschließende Textarbeit geweckt werden, die Sicherungs- und Festigungsphase und Transferphase bietet die Möglichkeit zur Bearbeitung der im Text nicht explizit angesprochenen kognitiven Strukturen und Zusammenhänge bzw. der »Problematisierung der vom Text erhobenen Geltungsansprüche«[2].
Aber auch in der Erarbeitungsphase ist es möglich und sinnvoll, im Rahmen einer in Einzelschritten geplanten Problem- und Sacherörterung den Gedankengang eines Textes zusammen mit den Schülern ›operativ [zu] rekonstruieren‹, wie Norbert Diesenberg[3] schon 1993 gezeigt hat. Dabei sollen »die dem Argumentationsgang zugrunde liegenden Denkhandlungen von den Argumentationsinhalten her erschlossen und explizit gemacht werden«[4]. Der entscheidende didaktische Mehrwert dieser Methode liegt darin, dass die Schüler selbstständig darüber nachdenken, was ihnen vom Autor sonst im philosophischen Text vorgedacht wird. Dies betrifft vor allem die Begriffsbildung und die Begründung eines philosophischen Standpunktes. Die Sachlogik des zugrunde liegenden Textes zeichnet gegenüber einer offenen Problem- und Sacherörterung zwar den Verlauf der didaktischen Rekonstruktion in seinen wesentlichen Schritten vor, sollte aber den Unterrichtenden nicht dazu verleiten, seine Schüler zum Nachvollzug eines ganz bestimmten Gedankengangs zu zwingen, sondern ihnen jederzeit die Möglichkeit zum Selbstdenken zu eröffnen. Es geht bei der Umsetzung dieser Methode vor allem darum, die *»Argumentationsansätze der Schüler (...) im Unterricht zu präzisieren, zu entfalten und zu systematisieren«.*[5]

30–90 Minuten

Plenum

- Bei der Umsetzung dieser Methode ist es unabdingbar, dass der Unterrichtende das Unterrichtsgespräch lenkt und leitet. Er sollte sich aber der Gefahr der Manipulation und Gängelung bewusst sein.
- Die operative Rekonstruktion kann nur gelingen, wenn diese detailliert und gewissenhaft mit passenden Impulsen, Fragen und Beispielen vorbereitet wird.
- Mit Hilfe der Textrekonstruktion im fragend-entwicklenden Unterrichtsgespräch kann man in relativ kurzer Zeit einen komplexen und komplizierten Argumentationszusammenhang erschließen, weil hier die aufwändige Textanalyse entfällt.

- Nobert Diesenberg empfiehlt für den Einsatz der operativen Rekonstruktion vor allem solche Texte, die sich »durch sachlogische Stringenz auszeichnen«[5] und argumentativ linear aufgebaut sind[6].
- Nach erfolgreicher Rekonstruktion im Unterrichtsgespräch sollte man den Schülern natürlich den zu Grunde gelegten Text zum Vergleich an die Hand geben. Es fällt den Schülern in der Regel viel leichter, ihn zu verstehen, weil sie ja begrifflich und argumentativ schon vorentlastet sind.

1–5 Norbert Diesenberg, Mit oder ohne Text?, Zeitschrift für Didaktik der Philosophie, Schroedel Verlag, Hannover 4/1993, S. 241 ff.

6 Vgl. dazu auch: Michael Wittschier, Textschlüssel Philosophie. 30 Erschließungsmethoden mit Beispielen, bsv-Patmos, München 2010, S. 83 ff. Hier wird die Diesenberg-Methode an Hand von Sartres »Ist der Existentialismus ein Humanismus?« erläutert.

NORBERT DIESENBERG – Mit oder ohne Text?

HINFÜHRUNG

Vorwissen → Erwartungen → Prämissen → Schüler / **textfrei** → intrinsische Motivation → Problembewusstsein wecken

↓

PROBLEMSTELLUNG

Sachlogik entwickelt sich – offene Problemerörterung

ERARBEITUNGSPHASE I:

textfreie, offene Problem-/Sacherörterung

Schülerorientierung

- ☐ selbst Probleme aufwerfen
- ☐ selbst philosophische Zusammenhänge herstellen
- ☐ Gefahr: nur Meinungsaustausch

ERARBEITUNGSPHASE II: Operative Textrekonstruktion

Sachorientierung

- ☐ Lehrerfragen → Text operativ rekonstruieren
- ☐ Begründungsregress → Schülerproblem
- ☐ aktive Begriffsbildung
- ☐ Gefahr: Manipulation durch Lehrer
- ☐ Text als diskussionswürdige Kontrollinstanz

SICHERUNG

textfreie Erarbeitung kognitiver Strukturen

TRANSFER

textfreie Problemerörterung → **reflexive** Verarbeitung von Begriffs-und Argumentations**zusammenhängen/** → **Integration** von intuitiver + philosophischer Auffassung/ → Problematisierung der im Text erhobenen **Geltungsansprüche**

Kant – Grundlegung zur Metaphysik der Sitten

Vom guten Willen zum Kategorischen Imperativ (90')

1. Hinführung	Diese wahre Begebenheit aus Kants (1724–1804) Leben, als er daran arbeitete, ein **<u>Moralgesetz</u>** zu finden, wurde von seinem wissenschaftlichen Assistent, C. A. Ch. Wasianski, wie folgt wiedergegeben:  *»Kant hatte einmal in einem kühlen Sommer, in dem es wenig Insekten gab, eine Menge Schwalbennester wahrgenommen und einige junge Schwalben zerschmettert am Boden aufgefunden. Erstaunt über diesen Fall wiederholte er mit höchster Aufmerksamkeit seine Untersuchungen und machte eine Entdeckung, wobei er anfangs seinen Augen nicht trauen wollte, nämlich dass die Schwalben selbst ihre Jungen aus den Nestern warfen. Voll Verwunderung über diesen verstandesähnlichen Naturtrieb, der die Schwalben lehrte, beim Mangel von Nahrung für alle Jungen, einige aufzuopfern, um die übrigen erhalten zu können, sagte dann Kant: ›Da stand mein Verstand still, da war nichts dabei zu tun, als hinzufallen und anzubeten.‹ Dies sagte er aber auf eine unbeschreibliche und nicht nachzuahmende Art. Die hohe Andacht, die auf seinem ehrwürdigen Gesicht glühte, der Ton der Stimme, das Falten seiner Hände, der Enthusiasmus, der diese Worte begleitete, war einzigartig.«* → Begeisterung Kants für »diesen **<u>verstandesähnlichen</u>** Naturtrieb«, nicht aber für das ›utilitaristische‹ Verhalten der Schwalben! → Der Mensch muss statistisch rund 20.000 Mal am Tag eine Handlungsentscheidung treffen; die (aller-)meisten davon haben eine **moralische** Dimension! ⇩ Wunsch: **›Naturgesetz‹** zur Bestimmung unseres Willens finden – analog zum verstandesähnlichen Naturtrieb der Schwalben
2. Problemstellung	Wann würden wir uns ähnlich ›gut‹ wie die Schwalben verhalten?
3. Intuitive Problemlösung	Schüler (Think-Pair-Share-Methode) suchen nach ›guten‹ menschlichen Handlungsmotiven und schreiben sie links und rechts an die Tafel. Anschließend werden diese gebündelt und kategorisiert. Denkbare Antworten: • Man will einer Situation gerecht werden • Triebbefriedigung: Lust! Abwesenheit von Schmerz! • Man will gesellschaftliche Rollenerwartungen erfüllen • Handeln zum Wohl der Allgemeinheit • Die Macht von Tradition / Religion: Gebote befolgen! • Vernunft / Klugheit als Maßstab des Handelns

	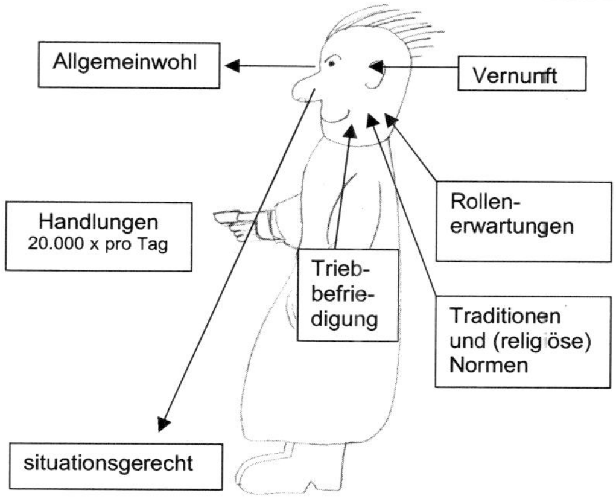
4. Kontrollierte Problem-Lösung = **Operative Rekon-struktion**	Auf Folie den Schluss-Satz der ›Kritik der Praktischen Vernunft‹ und den Anfangssatz der ›Grundlegung zur Metapyhsik der Sitten‹ präsentieren und gedanklich verbinden lassen: *»Zwei Dinge erfüllen das Gemüt mit immer neuer und zunehmenden Bewunderung und Ehrfurcht, je öfter und anhaltender sich das Nachdenken damit beschäftigt: Der bestirnte Himmel über mir und das moralische Gesetz in mir.« (KpV)* + *» Es ist überall nichts in der Welt, ja überhaupt auch außer derselben zu denken möglich, was ohne Einschränkung für gut könnte gehalten werden, als allein ein guter Wille.« (GzMdS)* 1. Fokus → Der gute Wille ist ohne Einschränkung gut, d. h. allein durch sein Wollen, ganz unabhängig davon, was durch ihn bewirkt wird. (= Teilthese 1) + *Beispiel:* Ich verschenke Blumen, kann aber nicht ahnen, dass der Beschenkte allergisch auf diese Blumensorte reagiert. 2. Fokus → Nur der gute Wille ist ohne Einschränkung gut (Teilthese 2) + *Gedankenexperiment* mit Blick auf Glücksgaben (Macht, Reichtum, Ehre, selbst Gesundheit, und das ganze Wohlbefinden und Zufriedenheit mit seinem Zustande, unter dem Namen der Glückseligkeit) und Naturgaben (Verstand, Witz, Urteilskraft [Talente des Geistes] und Mut, Entschlossenheit, Beharrlichkeit im Vorsatze [Eigenschaften des Temperaments]): Beide sind nur dann gut, wenn ein guter Wille von ihnen Gebrauch macht. (*Beispiel:* Der geniale Verbrecher, z. B. Arno Funke, Deutschlands intelligentester Erpresser, s. u.). *Input:* Der gute Wille zeigt sich (mit gewissen Einschränkungen) für Kant in Handlungen aus Pflicht. Bei den Handlungen aus Pflicht unterscheidet Kant zwischen pflichtgemäßen Handlungen und Handlungen aus Pflicht!

	Den Unterschied zwischen pflichtgemäßem Handeln mit **mittelbarer** Neigung zum Guten (Typ 1) und pflichtgemäßem mit **unmittelbarer** Neigung zum Guten (Typ 2) kann man schön am Beispiel des Spendens erläutern: Spende ich Geld, um mein Gewissen zu beruhigen bzw. um als guter Mensch geehrt zu werden (= selbstsüchtige Absicht), oder spende ich, weil ich das Gute unmittelbar liebe bzw. den Notleidenden aus Mitgefühl helfen möchte. Da sich beim zuletzt genannten Fall nicht ausschließen lässt, dass auch hierbei egoistische Motive im Spiel sind, zeigt sich für Kant der gute Wille in Reinform lediglich in Handlungen, die **nur aus Pflicht** (Typ 3) geschehen, d. h. ich spende Geld, obwohl ich es lieber für mich verwenden würde und ich keinerlei Dank zu erwarten habe und nur deshalb helfe, weil es meine ›verdammte‹ Pflicht ist, Notleidenden zu helfen. (Kant räumt ein, dass es möglicherweise noch nie auf Erden eine solche Handlung gegeben hat. Er muss aber aus methodischen Gründen jede Möglichkeit subjektiv-egoistischer Bestimmungsgründe des guten Willens ausschließen, sonst kann er kein Sittengesetz, das notwendig und allgemeingültig ist, formulieren.) - *Weiterführende Frage:* Was bestimmt den Willen bzw. die Moral, wenn jede Neigung als Bestimmungsgrund ausscheidet und man als sichere Grundlage der Moral ein GESETZ haben möchte → Notwendigkeit + Allgemeinheit als Kennzeichen von Gesetzen? *Fokus* → die Gesetzmäßigkeit selbst = Der Kategorische Imperativ als Ausdruck der Achtung für das selbst gegebene Gesetz und zugleich Ausdruck meiner Freiheit und Menschenwürde, weil ich mich hier autonom in meinem Handeln bestimme und damit frei mache von allen von Natur vorgegeben Wünschen und Ansprüchen (der Neigungen): *Fazit:* **»Handle so, als ob die Maxime deiner Handlung durch deinen Willen zum allgemeinen Naturgesetze werden sollte.«**
5. Sicherung	Verschiedene Begriffsnetze (s. u.) und *Verweis* auf das untrennbare Miteinander von Freiheit, Autonomie und Würde, das sich zum *Beispiel* auch beim Befolgen der selbst gegebenen Straßenverkehrsordnung zeigt (Anhalten vor einer roten Ampel). Ohne diese Regeln hätte ich gar nicht die Freiheit, Auto zu fahren, und würde mich bei jeder Gelegenheit menschenunwürdig mit anderen Verkehrsteilnehmern um die Vorfahrt prügeln. Der *Rückbezug* der Naturgesetz-Formel des Kategorischen Imperativs auf das Eingangsbeispiel (Schwalben) rundet die Stunde gedanklich ab.
6. Transfer/ Hausaufgabe	Anwendung der Naturgesetz-Formel auf die vier von Kant selbst genannten Beispiele: arbeitsteilige Vorbereitung zur nächsten Stunde mit Blick auf folgende zwei Fragen: 1. Um welche Art von Pflicht handelt es sich hier? 2. Wie begründet Kant die entsprechende Pflicht?

Begriffsnetze für die Phasen 4 + 5

Der gute Wille

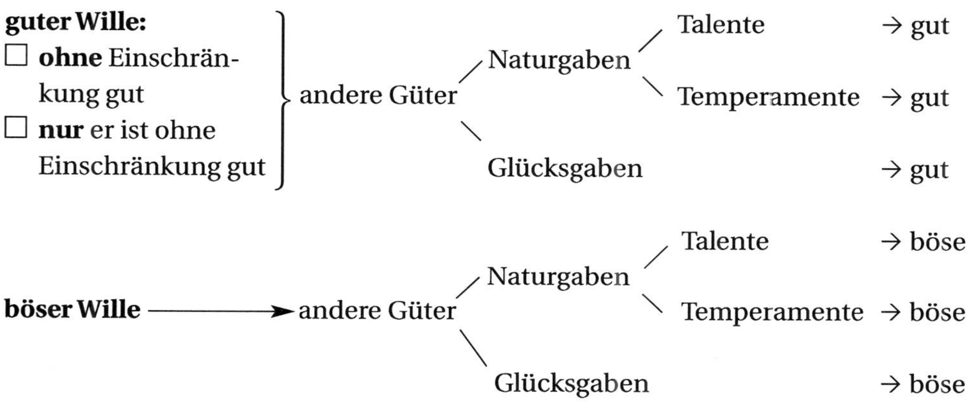

Pflichten

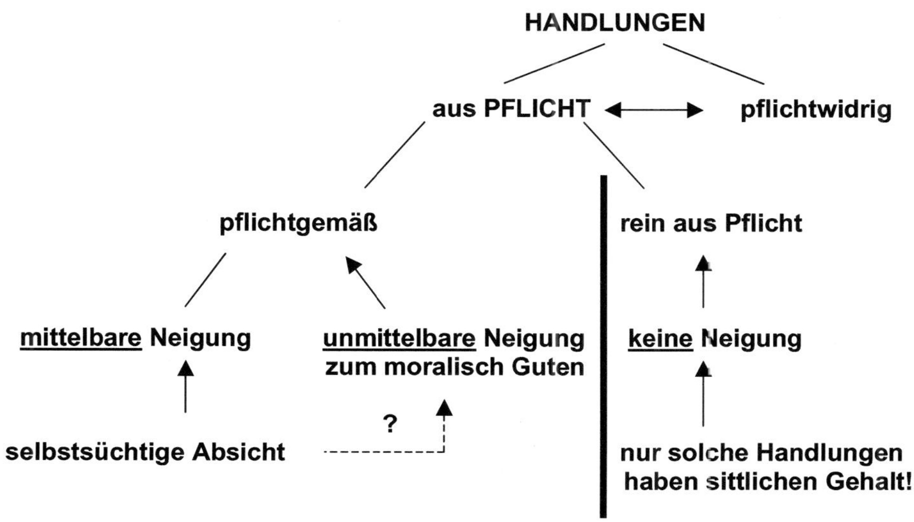

Dagobert
Der Gangster des Jahres

Arno Martin Franz Funke (14. März 1950 in Berlin-Rudow – IQ von 145) ist ein Autor, Grafiker und DJ aus Deutschland. Er beging 1988 sowie von 1992 bis 1994 Kaufhaus-Erpressungen; bei den letzteren wurde er unter seinem Erpresser-Pseudonym Dagobert durch Presseberichte bundesweit bekannt. Die Erpressung als Dagobert wurde zum längsten und aufwendigsten Erpressungsfall in der deutschen Kriminalgeschichte. Funkes Taten zeugten von Phantasie, technischen Fähigkeiten und taktischer Vorsicht, was ihm in Verbindung mit den von der Presse kolportierten Misserfolgen der Polizei bei seiner Ergreifung eine gewisse öffentliche Sympathie einbrachte. (wikipedia)*

»In der Kriminalgeschichte einmalig« sei die letzte der bislang 29 versuchten Geldübergaben gewesen, sagt der Hamburger Kriminaldirektor Michael Daleki, 45, Chef aller Dagobert-Fahnder. Am vorletzten Samstag schickt Dagobert die Geldboten auf das Gelände des Güterbahnhofs Charlottenburg. Auf einem stillgelegten Gleis steht eine Holzkiste. Die Fahnder klappen die Mini-Garage beiseite und staunen. Auf dem Gleis wartet startklar eine wundersame Maschine, so groß wie ein Skateboard, nur viel schneller. »Wenn er so etwas bauen kann«, so Chef-Fahnder Daleki später, »kann er auch eine ganz gefährliche Bombe basteln.« Vorn drücken zwei Räder auf die Schiene, ein Elektromotor soll sie per Zahnriemen antreiben. Kabel schlängeln sich zu acht Panasonic-Akkus an den Flanken des Gefährts, hinten lugt ein roter Knopf aus einem Kasten mit der Steuerelektronik. Zwischen Motor und Steuerung harrt die Ladefläche des Lösegeldes. Für wahrscheinlich 1,4 Millionen Mark, die Polizei verrät die genaue Summe nicht, will Dagobert mit dem Bombenlegen aufhören. Fahndung und Bombenschäden dürften bislang schon etwa 30 Millionen Mark verschlungen haben. Die Polizisten klemmen ihr Bündel, angeblich Geldscheine, in Plastik verschweißt, auf die Eigenbau-Lore. Dann drücken sie den Startknopf. Mit 50 Stundenkilometern und reichlich Krach zischt das Maschinchen in die Nacht. Über Bahnschwellen und kullernden Gleisschotter hasten Polizisten hinterher. Plötzlich detonieren zwei Böller, gezündet mit Hilfe von Stolperdrähten, die Dagobert quer über die Gleise gespannt hat. Geld und Häscher, so weiß der Erpresser in seinem Versteck nun, sind auf dem Weg zu ihm. Aber nach einigen hundert Metern sausender Fahrt entgleist die Maschine, obwohl Dagobert die Schiene gesäubert, wucherndes Gestrüpp gestutzt und sein Spielzeug wohl auch getestet hatte. Es prallt gegen eine Schwellenschraube, das Paket segelt in den Dreck – nur rund 30 Meter von Dagobert entfernt. Doch der Erpresser flieht. Zurück lässt er einen Leinensack und ein Stück Alufolie, in das er seine Beute einwickeln wollte. Das Aluminium hätte wohl einen im Geld versteckten Peilsender außer Gefecht setzen sollen. Maschine kaputt, Geld futsch – das müsse »ein schwerer Schlag für den Täter« sein, sagt Oberfahnder Daleki. Wäre die Bonsai-Lore nicht aus rätselhaften Gründen entgleist, so hätten seine Leute »keine Chance gehabt«.

DER SPIEGEL 5/1994

Immanuel Kant, Grundlegung zur Metaphysik der Sitten (1785)

Zweiter Abschnitt
Übergang von der populären sittlichen Weltweisheit zur Metaphysik der Sitten

Ein jedes Ding der Natur wirkt nach Gesetzen. Nur ein vernünftiges Wesen hat das Vermögen, nach der Vorstellung der Gesetze, d.i. nach Prinzipien, zu handeln, oder einen Willen. (…)

Weil die Allgemeinheit des Gesetzes, wonach Wirkungen geschehen, dasjenige ausmacht, was eigentlich Natur im allgemeinsten Verstande (der Form nach), d. i. das Dasein der Dinge, heißt, so fern es nach allgemeinen Gesetzen bestimmt ist, so könnte der allgemeine Imperativ der Pflicht auch so lauten: **handle so, als ob die Maxime deiner Handlung durch deinen Willen zum allgemeinen Naturgesetze werden sollte**.

Nun wollen wir einige Pflichten herzählen nach der gewöhnlichen Einteilung derselben in Pflichten gegen uns selbst und gegen andere Menschen, (…)

1) Einer, der durch eine Reihe von Übeln, die bis zur Hoffnungslosigkeit angewachsen ist, einen Überdruß am Leben empfindet, ist noch so weit im Besitze seiner Vernunft, dass er sich selbst fragen kann, ob es auch nicht etwa der Pflicht gegen sich selbst zuwider sei, sich das Leben zu nehmen. Nun versucht er: ob die Maxime seiner Handlung wohl ein allgemeines Naturgesetz werden könne. Seine Maxime aber ist: ich mache es mir aus Selbst-liebe zum Prinzip, wenn das Leben bei seiner langen Frist mehr Übel droht, als es Annehmlichkeit verspricht, es mir abzukürzen. Es fragt sich nur noch, ob dieses Prinzip der Selbstliebe ein allgemeines Naturgesetz werden könne. Da sieht man aber bald, dass eine Natur, deren Gesetz es wäre, durch dieselbe Empfindung, deren Bestimmung es ist, zur Beförderung des Lebens anzutreiben, das Leben selbst zu zerstören, ihr selbst widersprechen und also nicht als Natur bestehen würde, mithin jene Maxime unmöglich als allgemeines Naturgesetz stattfinden könne und folglich dem obersten Prinzip aller Pflicht gänzlich widerstreite.

(Beispiel Arbeitsblatt für Hausaufgabengruppe 1; den Gruppen 2–4 werden die (un-)vollkommenen Pflichten 2–4 aus der ›Grundlegung‹ vorgelegt.)

Moralische Pflichten		
	vollkommene Pflichten	**unvollkommene Pflichten**
Pflichten gegen sich selbst	**Selbstmordverbot**	**Verbot der Nicht-entwicklung eigener Fähigkeiten**
Pflichten gegen andere	**Verbot des falschen Versprechens**	**Verbot der Gleichgültigkeit gegen fremde Not**

4.5 Formulierungshilfen III
+ Dialoggestaltung

KP

Wenn es darum geht, im Rahmen des Unterrichtsgesprächs im genuinen Sinne philosophische Begriffsarbeit zu leisten oder/und sich argumentativ mit einem Problem auseinanderzusetzen, dann braucht man ganze eigene, die zur Diskussion stehenden Aspekte beim Namen nennende Fragestellungen, wie sie im Folgenden beispielhaft genannt werden.

Die im Rahmen des ›Bonbon‹-Modells (→ Vorwort) visualisierten Möglichkeiten des verbalen (Re-)Agierens im Unterricht sollen knapp und übersichtlich die Gefahren, aber vor allem auch die Möglichkeiten bei der Dialoggestaltung in Erinnerung rufen.

Kontrollierte Problemlösung

Welchem **Bereich** würdet ihr das zuordnen?

Und **was** würde das **bedeuten**?

Welchen **Sinn/Zweck** könnte das haben?

Was **folgt** daraus?

Welche **Voraussetzungen** müssen erfüllt sein, damit …?

Was spricht **dagegen**, dass…?

Kann jemand noch ein anderes **Beispiel** nennen?

Und was wäre das **Ergebnis**?

Gibt es **Gründe**, die **dagegen** sprechen, dass…?

Mit was könnte man das **vergleichen**?

Was könnte man dagegen **einwenden**?

Dialoggestaltung im Unterricht

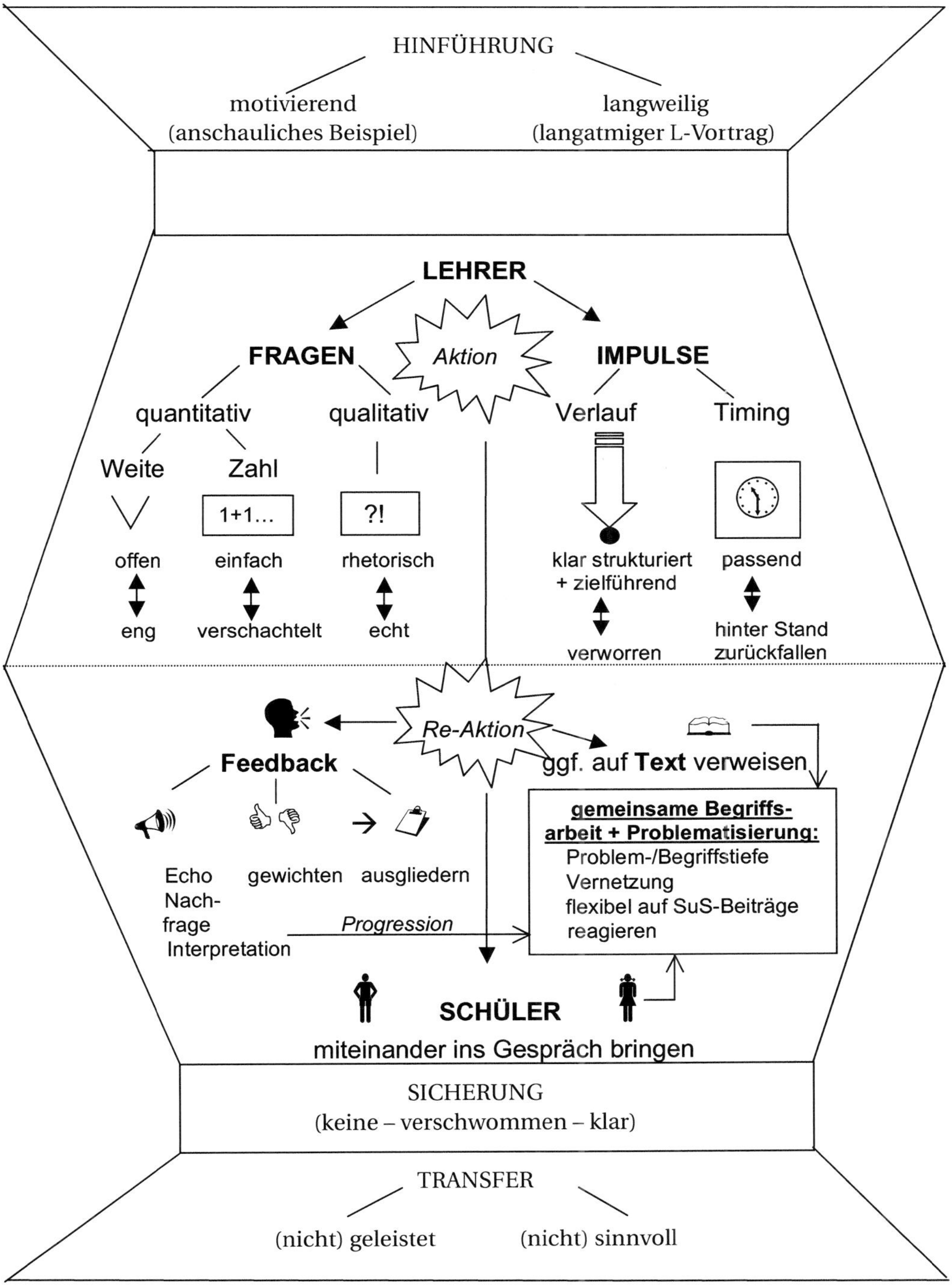

5.1 Begriffsstruktur

Philosophie als Reflexionskompetenz[1] stellt Schüler (wie Lehrer) vor die anspruchsvolle und schwierige Aufgabe, das Ergebnis der Gedankenarbeit am Ende einer Stunde mit wenigen treffenden Worten auf den (richtigen) Begriff zu bringen und diesen mit Blick auf Inhalt, Ursprung und Umfang (›clare et distincte‹) bestimmen zu können. Das bedarf der ständigen Übung und der Hilfestellung durch den Unterrichtenden, lässt sich aber relativ einfach und schnell mit Hilfe der Strukturlegetechnik[2] methodisch anleiten; vor allem dann, wenn man im Vorfeld der Ergebnissicherung – sei es mit Hilfe des Minutenprotokolls (→ 2.2) oder eines eigenständigen Begriffsprotokolls – schon gedanklich darauf hin arbeitet und die Essenz der intuitiven und kontrollierten Problemlösungsphase begrifflich ausschärft und als Zwischenergebnisse (an der Tafel oder auf kleinen Folienstücken) fixiert.
(i) Die zentralen Begriffe können dann in einem ersten Schritt von den Schülern in Einzelarbeit auf Zetteln sachlogisch sinnvoll zueinander in Beziehung (Über-/Unterordnung) ›gelegt‹ werden.
(ii) Die so entstandenen Begriffsstrukturen erläutern die Schüler anschließend ihren Banknachbarn und nehmen ggf. noch Veränderungen vor, bevor
(iii) zwei Schüler ihr gemeinsam erarbeitetes Ergebnis am Overhead-Projektor der gesamten Lerngruppe vorstellen und
(iv) anschließend – entsprechend gut begründeter Einwände aus dem Plenum – noch ein letztes Mal optimieren.
(v) Gemeinsam oder in häuslicher Einzelarbeit können die implizit dargestellten Begriffsbeziehungen explizit verbalisiert und visualisiert werden, so dass am Ende ein Begriffsnetz entsteht, das modellhaft die neurologische Vernetzung von Wissenselementen abbildet.

5–10 Minuten

Einzel- und Partnerarbeit → Plenum (→ Einzelarbeit)

- Die klare Ergebnissicherung ist (für Schüler) ein entscheidendes Merkmal für guten Unterricht und zugleich notwendig für den nachhaltigen Auf- und Ausbau von fundierter Sachkompetenz.
- Die anspruchsvolle Herausforderung, am Ende der Erarbeitungsphase das Ergebnis mit wenigen treffenden Begriffen auf den Punkt zu bringen, ist vor allem für stillere, aber aufmerksam mitdenkende Schüler eine wichtige Chance, in kurzer Zeit eine qualitativ hochwertige Leistung zu erbringen.
- Mit dem Begriffsergebnis schafft man eine sehr gute Voraussetzung für die häusliche Themenverschriftlichung oder/und Stellungnahme.

- Falls die geplante Sicherungsphase zeitlich nicht mehr zu realisieren ist, kann man die ›Formulierung‹ des Begriffsergebnisses auch sinnvoll in die Hausaufgabe verlagern und für die Wiederholungsphase zu Beginn der nächsten Stunde einplanen.

---

1 Beschlüsse der Kultusministerkonferenz, Einheitliche Prüfungsanforderungen in der Abiturprüfung Philosophie – i. d. F. vom 16. 11. 2006, Wolters Kluwer, München-Neuwied 2007, S. 4 – mit Odo Marquard müsste man statt von Reflexionskompetenz eher von ›Inkompetenzkompensationskompetenz‹ sprechen.

2 Diethelm Wahl, Lernumgebungen erfolgreich gestalten. Vom trägen Wissen zum kompetenten Handeln, Verlag Julius Klinkhardt, Bad Heilbrunn, 2. erweiterte Auflage 2006, S. 307. Hans Aebli, Zwölf Grundformen des Lehrens, Klett-Cotta, Stuttgart [13]2006, S. 245 ff.

Norbert Hoerster – Normenbegründung

(Mir scheint, dass es im Wesentlichen folgende Gesichtspunkte sind, durch die sich moralische Handlungsnormen und -urteile von außermoralischen Handlungsnormen und -urteilen unterscheiden.
1. Sie bewerten menschliches Verhalten entweder primär, als solches, oder mit Rücksicht auf seine Auswirkungen auf das außermoralisch gute Leben.)

Das **zweite** Charakteristikum moralischer Wertungen liegt m. E. darin, dass moralische Urteile mit dem Anspruch auf allgemeine Gültigkeit auftreten. Hinter dieser Formel verbergen sich im Grunde zwei Aspekte, die einander zwar ähnlich sind, die man aber, streng genommen, auseinanderhalten muss.
Zum einen: Wer in einem konkreten Fall ein moralisches Urteil abgibt, gibt damit implizit stets ein Urteil ab über alle jene Fälle, die nach seiner Meinung dem betreffenden Fall in relevanter[1] Weise gleichen. Wenn ich z. B. sage, x solle sich von seiner Frau nicht scheiden lassen, dann sage ich damit – sofern ich will, dass mein Urteil als moralisches Urteil verstanden wird – gleichzeitig, niemand solle sich scheiden lassen, dessen Ehe in moralisch relevanter Hinsicht der Ehe von x gleicht: also etwa in der Hinsicht, dass x unversorgte Kinder hat, dass die Abwendung von seinem Ehepartner auf einer aller Voraussicht nach nur vorübergehenden Leidenschaft beruht usw. Moralische Urteile betreffen nie einen Einzelfall, sondern immer eine Klasse von Fällen.
Und zum zweiten besagt der Allgemeingültigkeitsanspruch moralischer Urteile Folgendes: Wer ein moralisches Urteil abgibt, erhebt damit stillschweigend den Anspruch, dass sein Urteil einer rationalen Prüfung standhält, d. h. er erhebt den Anspruch, dass letzten Endes alle, die nüchtern, vorurteilsfrei, unparteiisch und wohlinformiert – was er alles selbst zu sein beansprucht – an die Frage herangehen, diesem Urteil zustimmen werden. Wer ein moralisches Urteil abgibt, erklärt damit seine Bereitschaft, dieses Urteil rationaler Kritik auszusetzen, es im Lichte neuer Gesichtspunkte und Argumente gegebenenfalls zu revidieren[2].
Wenn ich etwa mein Urteil, x solle sich von seiner Frau nicht scheiden lassen, als moralisches Urteil verstanden wissen will, so kann ich es nicht etwa damit begründen, dass eine Scheidung in den Gesellschaftskreisen von x nicht üblich ist, oder damit, dass ich selber mich aus religiösen Gründen zu dem Ideal der Unauflöslichkeit der Ehe bekenne, – also mit Argumenten, die, anstatt auf allgemeine Annahme zu zielen, sich auf eine rational nicht begründbare Autorität einzelner Gruppen oder Individuen stützen.
Es ist genau dieser doppelte Anspruch auf allgemeine Gültigkeit, der Urteile, die vom moralischen Standpunkt abgegeben werden, von Urteilen, die vom Standpunkt des Geschmacks, der Konvention oder persönlicher Ideale und Präferenzen[3] aus ergehen, wesentlich unterscheidet. Es verrät eine seltsame Blindheit gegenüber den ganz unterschiedlichen Rationalitätsanforderungen, die wir schon im Alltag an die unterschiedlichen Arten von Werturteilen stellen, wenn Werner Sombart[4], ein Parteigänger Max Webers im sogenannten Werturteilsstreit, etwa schreibt: »Alle Entscheidung über sittliche Werturteile steht auf der gleichen Linie wie die Geschmacksbevorzugung der Blondinen oder der Brünetten durch die Männer.«

Norbert Hoerster, Normenbegründung und Relativismus, aus: Philosophisches Jahrbuch 81/1974, Alber Verlag, Freiburg 1974, S. 249 ff.

1 relevant: (lat.-frz.) bedeutsam, wichtig
2 revidieren: (lat.) auf seine Richtigkeit hin überprüfen, korrigieren
3 Präferenz: (lat.-frz.) Vorrang, Vorzug
4 Werner Sombart (1863–1941), Volkswirtschaftler und Soziologe
5 Max Weber (1864–1920), Volkswirtschaftler und Soziologe, er schrieb unter anderem das Buch »Die protestantische Ethik und der Geist des Kapitalismus«.

Norbert Hoerster – Normenbegründung – Schlüsselbegriffe

Gültigkeitsanspruch	qualitativ
quantitativ	allgemein
eingeschränkt	rational
emotional	MORAL
privat	öffentlich
Geschmack	Konvention
Handlungs-Normen + Urteile	

Norbert Hoerster – Normenbegründung – Begriffsstruktur

Handlungs-Normen + Urteile

Gültigkeitsanspruch

quantitativ qualitativ

allgemein eingeschränkt rational emotional

privat öffentlich

MORAL Geschmack Konvention

Norbert Hoerster – Normenbegründung – Begriffsnetz
(ausgearbeitet)

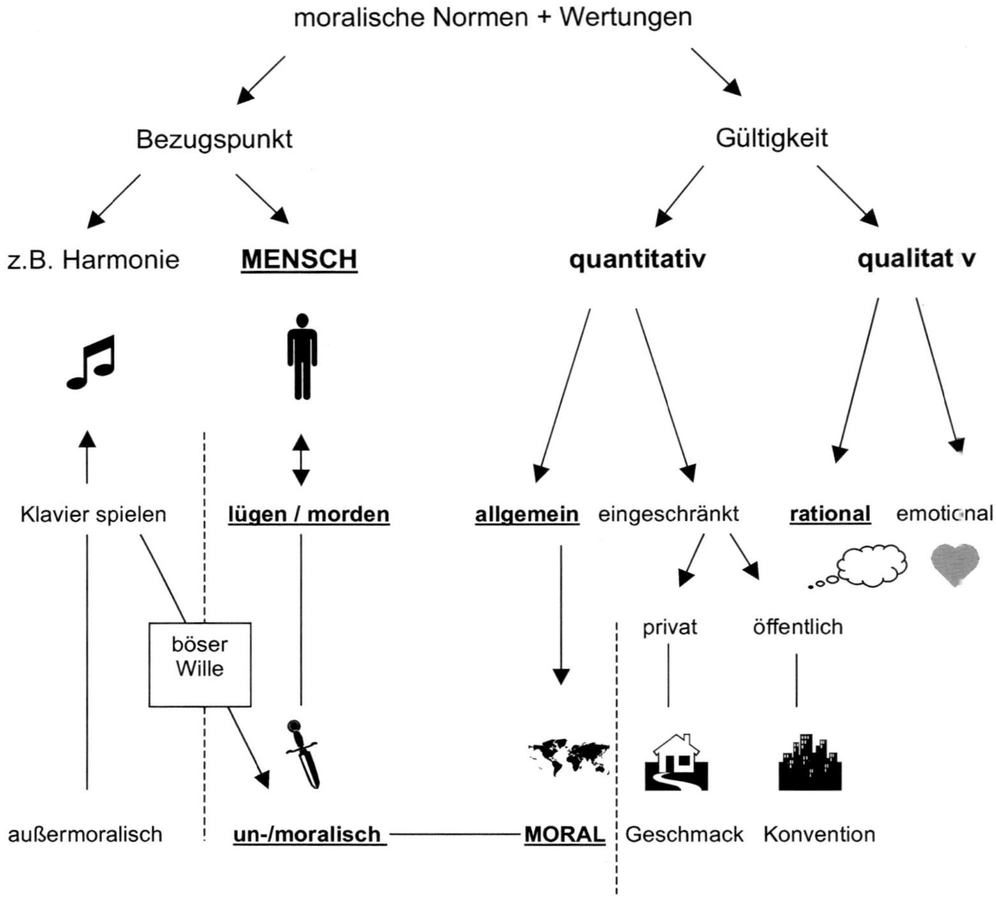

5.2 Farbkontrolle

S

Ganz unabhängig davon, ob man den Lernprozess (eher) instruktiv oder konstruktiv gestaltet oder als sinnvolles Wechselspiel von Informationsvermittlung und -verarbeitung, es stellt sich am Ende einer Unterrichtseinheit immer die alles entscheidende Frage, ob und was die Schüler denn tatsächlich gelernt und behalten haben.
Um dies – mit Blick auf die gesamte Lerngruppe – in kurzer Zeit zu kontrollieren, zu evaluieren und gleichzeitig das Gelernte noch einmal ins Gedächtnis zu rufen, bietet sich die Farb-Kontrolle[1] an. Innerhalb weniger Minuten kann der Unterrichtende mit Hilfe dieser Methode feststellen, wie viele seiner Schüler wie viel verstanden und behalten haben. Zu diesem Zweck wird zu Hause eine Folie vorbereitet, auf der Fragen zu zentralen Aspekten des Stundenthemas und zu jeder Frage drei vergleichbare, verschiedenfarbig markierte Antworten stehen, von denen mindestens eine sachlich (ganz) korrekt ist. Außerdem muss der Unterrichtende für jeden Schüler drei farbige Zettel mitbringen, die zu den Farben der Auswahlantworten passen.
(i) Auf dem Overhead-Projektor wird zunächst nur die entsprechende Frage aufgedeckt, damit jeder Schüler die Möglichkeit hat, erst einmal selbst zu überlegen, wie die richtige Antwort lautet bzw. lauten könnte.
(ii) Auch nachdem die drei Auswahlantworten aufgedeckt sind, sollte jeder Schüler circa 30 Sekunden Zeit haben, sich individuell für eine Antwort zu entscheiden.
(iii) Abschließend heben alle Schüler auf ein Zeichen des Lehrers hin gleichzeitig den Farbzettel hoch, der zu ihrer Antwort gehört.
Der Unterrichtende sieht dabei auf einen Blick, wie viele Schüler die richtige bzw. die falsche oder halbrichtige Antwort gewählt haben und kann ggf. noch einmal nachsteuern.

ca. 5 Minuten

Plenum

- Die Ausformulierung der Farb-Kontrolle nimmt relativ viel Zeit in Anspruch, weil man ja Alternativantworten finden muss, die von den Schülern nicht sofort als falsch eingeschätzt werden. Gegebenenfalls muss man sie nach ihrem ersten Einsatz noch einmal optimieren, kann sie dann aber für viele Jahre verwenden.
- Informationsgehalt und -dichte bezüglich des Lernerfolgs sind vergleichbar mit einem Test, werden von den Schülern aber nicht als belastend empfunden, weil es dafür keine (schlechten) Noten gibt.
- In Phase (ii) besteht grundsätzlich die Möglichkeit zum partnerschaftlichen Informationsaustausch und -abgleich.

- Gegebenenfalls kann man nach dem Aufdecken der einzelnen Fragen die Möglichkeit zu Rückfragen geben, um sicher zu stellen, ob die gestellte Frage auch wirklich verstanden wurde.
- Um keine falschen Erwartungen zu wecken, sollte man bei der Farb-Kontrolle besser nicht mit den Farben rot und grün arbeiten.[2]
- Alternativ kann man auch mit Hilfe des Partnerinterviews[3] das erreichte Stundenergebnis evaluieren. Die vier oder sechs Fragen werden dabei abwechselnd gestellt und – ohne Lösungsvorschläge – schriftlich beantwortet. Der Zeitaufwand (ca. 15 Minuten) ist erheblich höher als bei der Farb-Kontrolle.
- In der Hinführungsphase lässt sich mit Hilfe der Farb-Kontrolle auch einfach und schnell das Vorwissen erfassen.
- Farbig sortierte Zettel in passender Größe und ausreichender Zahl findet man im Schreibwarenhandel in Notiz-Zettel-Boxen.

---

1 + 2 Bei Diethelm Wahl, Lernumgebungen erfolgreich gestalten. Vom trägen Wissen zum kompetenten Handeln, Verlag Julius Klinkhardt, Bad Heilbrunn, 2. erweiterte Auflage 2006, S. 281 heißt sie Ampelmethode, weil Wahl vorschlägt, mit den Ampelfarben rot, grün und gelb zu arbeiten. Dies könnte aber bei den Farben Grün und Rot deshalb zu falschen Präferenzen führen, weil wir kulturbedingt mit grün etwas Richtiges, Positives (»Alles im grünen Bereich.«) und mit rot etwas Falsches, Negatives (Stopp! Gefahr) verbinden. Deshalb wird hier bewusst die gängige Bezeichnung Ampel-Methode vermieden.

3 z. B. nach Diethelm Wahl 2006, S. 298.

Farbkontrolle: Kant – Grundlegung zur Metaphysik der Sitten

1. Welches Ziel verfolgt Kant mit der ›Grundlegung zur Metaphysik der Sitten‹?	Kant will … ■ Gemeinsamkeiten in den Sitten und Gebräuchen verschiedener Völker aufzeigen. □ ein oberstes Moralprinzip ausfindig machen und festschreiben. ○ einen verbindlichen Tugendkatalog entwickeln.
2. Was zeichnet die einzigartige Güte des guten Willens aus?	Der gute Wille ist … ■ ohne Einschränkung gut. □ die Bedingung für das Gutsein aller anderen Güter. ○ Ausdruck echter Menschenliebe.
3. Worin liegt nach Kant allein der Wert des guten Willens?	Der Wert des guten Willens liegt allein … ■ in dem, was er Gutes hervorbringt. □ in dem, was er als Mittel zu irgendeinem anderen Zweck hervorbringt. ○ in der Gesetzmäßigkeit des Wollens.
4. Was muss ich nach Kant wollen können, wenn ich moralisch handeln will?	Ich muss wollen können, … ■ dass meine Maxime zur Grundlage pflichtgemäßen Handelns werden kann. □ dass meine Maxime zum allgemeinen Gesetz werden kann. ○ dass meine Maxime zum allgemeinen Naturgesetz werden kann.
5. Wann hat ein hypothetischer Imperativ nach Kant Gültigkeit?	Ein hypothetischer Imperativ hat nur dann Gültigkeit, … ■ wenn ich seine Ursache kenne. □ wenn ich seine Bedingung kenne. ○ wenn ich seine Wirkung kenne.
6. Wie wird der kategorische Imperativ nach Kant bestimmt?	Der kategorische Imperativ wird … ■ a posteriori bestimmt. □ a priori bestimmt. ○ materiell bestimmt.
7. Was ist für Kant untrennbar mit dem Begriff der Autonomie des Willens verbunden?	Mit dem Begriff der Autonomie des Willens ist untrennbar verbunden: ■ die Freiheit □ die Glückseligkeit ○ die Würde
8. Was ist für Kant das Verbot des falschen Versprechens?	Das Verbot des falschen Versprechens ist … ■ eine unvollkommene Pflicht. □ eine vollkommene Pflicht. ○ eine Pflicht gegen sich selbst.

1. Welches Ziel verfolgt Kant mit der ›Grundlegung zur Metaphysik der Sitten‹?	Kant will … ◙ Gemeinsamkeiten in den Sitten und Gebräuchen verschiedener Völker aufzeigen. ◎ **ein oberstes Moralprinzip ausfindig machen und festschreiben.** ○ einen verbindlichen Tugendkatalog entwickeln.
2. Was zeichnet die einzigartige Güte des guten Willens aus?	Der gute Wille ist … ◙ **ohne Einschränkung gut.** ◎ **die Bedingung für das Gutsein aller anderen Güter.** ○ Ausdruck echter Menschenliebe.
3. Worin liegt nach Kant allein der Wert des guten Willens?	Der Wert des guten Willens liegt allein … ◙ in dem, was er Gutes hervorbringt. ◎ in dem, was er als Mittel zu irgendeinem anderen Zweck hervorbringt. ○ **in der Gesetzmäßigkeit des Wollens.**
4. Was muss ich nach Kant wollen können, wenn ich moralisch handeln will?	Ich muss wollen können, … ◙ dass meine Maxime zur Grundlage pflichtgemäßen Handelns werden kann. ◎ **dass meine Maxime zum allgemeinen Gesetz werden kann.** ○ **dass meine Maxime zum allgemeinen Naturgesetz werden kann.**
5. Wann hat ein hypothetischer Imperativ nach Kant Gültigkeit?	Ein hypothetischer Imperativ hat nur dann Gültigkeit, … ◙ wenn ich seine Ursache kenne. ◎ **wenn ich seine Bedingung kenne.** ○ wenn ich seine Wirkung kenne.
6. Wie wird der kategorische Imperativ nach Kant bestimmt?	Der kategorische Imperativ wird … ◙ a posteriori bestimmt. ◎ **a priori bestimmt.** ○ materiell bestimmt.
7. Was ist für Kant untrennbar mit dem Begriff der Autonomie des Willens verbunden?	Mit dem Begriff der Autonomie des Willens ist untrennbar verbunden: ◙ **die Freiheit** ◎ die Glückseligkeit ○ **die Würde**
8. Was ist für Kant das Verbot des falschen Versprechens?	Das Verbot des falschen Versprechens ist … ◙ eine unvollkommene Pflicht. ◎ **eine vollkommene Pflicht.** ○ eine Pflicht gegen sich selbst.

5.3 Formulierungshilfen IV

S

Die Moderation in der Sicherungsphase fordert den Unterrichtenden in ganz eigener Art und Weise. In relativ kurzer Zeit sollen viele wichtige (Zwischen-) Ergebnisse aus der intuitiven und kontrollierten Problemlösungsphase gebündelt und ›tafeltauglich‹ formuliert werden. Dafür haben sich die folgenden Formulierungsvorschläge in der Praxis schon oft bewährt.

Sicherung

Wagt jemand schon mal einen ersten **Definitionsversuch**?

Wie könnte man das bisher Gesagte **zusammenfassen**?

Und was wird deutlich, wenn man das mit dem bisher Gesagten **vergleicht**?

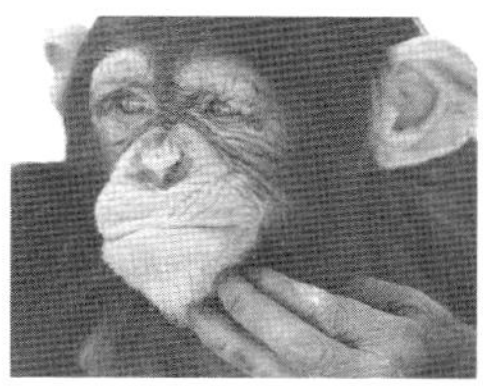

Gibt es von eurer Seite aus dazu noch etwas zu **ergänzen** oder **einzuwenden**?

Wie könnte man das Ganze auf einen **Begriff** bringen?

Kann jemand einen Vorschlag für eine **tafeltaugliche** Formulierung machen?

Welches **Ergebnis** sollen wir denn im **Protokoll** festhalten?

Und was **bedeutet** das für unser Problem?

Und welche **neue Frage** wirft dieses Ergebnis auf?

6.1 Alltagsbezug

Neu erworbenes Wissen muss, wenn es dauerhaft verankert werden soll, mit bereits bekanntem vernetzt und sinnvoll auf andere, ähnliche Sachverhalte übertragen werden können.
Analoges gilt für Theorien, Prinzipien, Definitionen und Begriffe. Auch sie müssen sich, wenn sie Anspruch auf Wahrheit und Realität erheben, belegen und anwenden lassen bzw. bewähren.
»Da das philosophische Lernen und das Gelernte zum aktiven Bestandteil der intellektuellen Biographie der Schülerinnen und Schüler werden sollen und der Philosophieunterricht den Lernerfolg auch überprüfen lassen muss, kann in der Transferphase beides geleistet werden.«[1] – sofern es ihm gelingt, mit Hilfe eines positiven Transfers das erworbene mit neuem Wissen horizontal und vertikal zu verbinden. »Vertikaler Transfer liegt vor, wenn von basalen Kenntnissen aus [begrifflich] ›hochgestiegen‹«[2] oder ein Begriff auf schon Bekanntes, Alltägliches bezogen wird. Von horizontalem Transfer spricht man, wenn das neu Gelernte auf neue Themen angewendet oder in neuen Bezügen geübt und wiederholt wird. Dabei ist zu beachten, dass »Leistungszugewinne (...) in der Regel nur bei jenen Aufgaben auf[treten], die trainiert worden sind, sowie bei Aufgaben, die äußerlich und strukturell eine sehr hohe Ähnlichkeit zu den trainierten Aufgaben aufweisen«.[3]

abstrakter **Begriff**	↑	Letztbegründung von Moral
Konkretion		Mitleid ←→ Egoismus[4]
Beispiel		Ich helfe einem Bettler und
Detail		... schenke ihm 1 €.

Ein didaktisch bewährtes Modell für den vertikalen Transfer ist die so genannte deduktive Begriffsleiter[5], mit der man natürlich auch schon in der intuitiven Problemlösungsphase (3.6) sinnvoll arbeiten kann.

abstrakter **Begriff**	↓	Glück
Konkretion		Menschen sind glücklich.
Beispiel		Ich war besonders glücklich,
Detail		... als ich das Nashorn beobachtete.[6]

Beispiele haben nicht nur die Funktion, »das Prinzip des ›tua res agitur‹ zu verwirklichen«,[7] sondern sind hier wesentlich das Mittel der Wahl zur Veranschaulichung und Verifikation[8] abstrakter Begrifflichkeit. Horizontaler Transfer ist Strukturelement des philosophischen Lernprozesses: »Anwendung, Wiederholung und Vertiefung des Gelernten sind möglich als Übertragung auf einen anderen, affinen Problembereich oder aber als Vergleich des Erlernten mit anderen Positionen.«[9] In diesem Sinne kann man Schülern die Aufgabe stellen, zu einem bekannten ein neues, analoges Alltagsbeispiel zu finden, das sich anschließend mit Hilfe der Methode ›Text-Theater‹ in ein kurzes szenisches Anspiel oder laut denkendes Standbild verwandeln lässt.[10]

5–10 Minuten

Einzel-, Partner- oder Gruppenarbeit / Plenum

- Viele gute Musterbeispiele für horizontale und vertikale Transferaufgaben findet man in dem Unterrichtswerk ›Weiterdenken‹[11], das konsequent nach dem ›Bonbon‹-Modell (→ Vorwort) strukturiert ist.
- Die Transferaufgabe lässt sich prinzipiell problemlos in die häusliche Nachbereitung der Stunde verlagern. Deshalb kann man bedenkenlos vor der Transferphase eine ›Sollbruchstelle‹ für die Stunde einplanen. Diese entlastet den Unterrichtenden und sorgt für einen kleinen Zeitpuffer in der Sicherungsphase.

- Damit der positive Transfer gelingen kann, sollte man ihn nicht ad hoc in Verbindung mit einer 0815-Aufgabenstellung (»Überlegt mal, was daran problematisch ist!« oder »Womit lässt sich diese Theorie hier sinnvoll verbinden?«) bringen.

1+ 9 Lehrplan Philosophie, in: Richtlinien und Lehrpläne für die Sekundarstufe II – Gymnasium/Gesamtschule in Nordrhein-Westfalen, Philosophie, Ritterbach Verlag, Frechen 1999, S. 27.

2 Hilbert Meyer, Was ist guter Unterricht?, Cornelsen Scriptor Verlag Berlin, 2. durchgesehene Auflage 2008, S. 60 f.

3 Rolf Oerter, Leo Montada (Hrsg.), Entwicklungspsychologie, Beltz-Verlag, Weinheim und Basel, 6. vollständig überarbeitete Auflage 2008, S. 388

4 »So mancher meint ein gutes Herz zu haben und hat nur schwache Nerven.« Marie Freifrau von Ebner-Eschenbach (1830–1916)

5 Lutz von Werder, Kreatives Schreiben in den Wissenschaften, Schibri Verlag, Berlin-Milow 1995, S. 45–47.

6 Nachzulesen bei: Peter Bichsel, Der Mann, der nichts mehr wissen wollte, in: Peter Bichsel, Kindergeschichten, Suhrkamp Verlag, Frankfurt a. M., 10. Auflage 1997.

7 + 8 Helmut Engels dazu in: Wulff D. Rehfus, Horst Becker (Hrsg.), Handbuch des Philosophie-Unterrichts, Schwann Verlag, Düsseldorf 1986, S. 378: »Es kann dem Schüler durch Beispiele, vor allem wenn sie dem ihm Vertrauten entstammen oder sinnlich konkret sind, das Bewusstsein vermittelt werden, dass es in der Philosophie um ihn selbst, um sein Denken und Handeln geht.«

10 Vgl. dazu: Michael Wittschier, Textschlüssel Philosophie. 30 Erschließungsmethoden mit Beispielen, bsv-Patmos, München 2010, S. 169 ff.

11 Weiterdenken, Ethik/Praktische Philosophie, hrsg. von Rolf Sistermann, Schroedel Verlag, Braunschweig 2009.

Vertikaler Transfer

1. Ergebnis der kontrollierten Problemlösung: **Sartre, Existentialismus**[1]

Existenz vor Essenz: Mensch

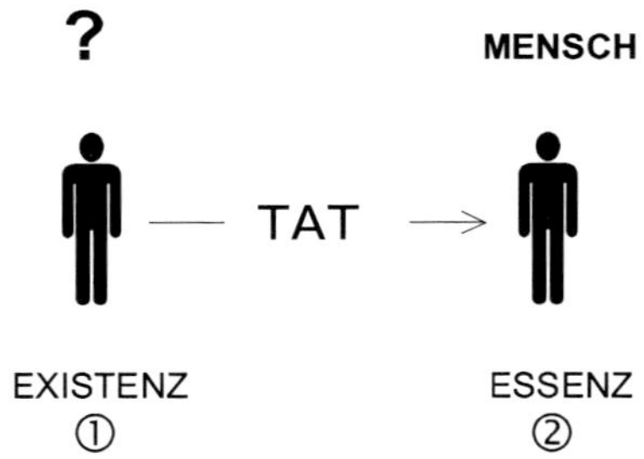

Der atheistische Existentialismus, den ich vertrete, (…) erklärt: Wenn Gott nicht existiert, so gibt es zumindest ein Wesen, bei dem die Existenz der Essenz vorausgeht, ein Wesen, das existiert, bevor es durch irgendeinen Begriff definiert werden kann, und dieses Wesen ist der Mensch (…). Der Mensch, wie ihn der Existentialist versteht, ist nicht definierbar, weil er zunächst nichts ist. (…) **Der Mensch ist nichts anderes als das, wozu er sich macht.** Das ist das erste Prinzip des Existentialismus.

2. Überprüfungsbeispiel

Sabines Biografie

Sabine begann sich in ihrer Jugend für Musik zu interessieren und ihre Eltern ließen sie auf einer Musikschule das Geigespiel erlernen. Sie blieb den Saiteninstrumenten treu, wählte jedoch später die Gitarre als ihr Lieblingsinstrument. Mit sechzehn entschloss sie sich den Mofaführerschein zu machen. Das Fahren machte ihr so viel Spaß, dass sie sich Geld zusammensparte, um den Motorradführerschein zu machen. Sie beschloss eine Lehre als Zweirad-Mechanikerin zu beginnen. Sie arbeitete zwei Jahre in einer Werkstatt und überlegte sich dann, auf der Universität Englisch und Deutsch zu studieren. Sie interessierte sich für Frauenfragen und ließ sich in den ASTA (Allgemeiner Studentenausschuss) wählen, indem sie zwei Jahre lang tätig war. Nach dem Studium hospitierte sie bei einer amerikanischen Firma, entschloss sich gegen den Beruf der Lehrerin, für den sie sich ursprünglich entschieden hatte und arbeitete für zwei Jahre in einem Verlag der Motorradpresse. Sie beschloss vor einem halben Jahr nach Amerika auszuwandern, um auf einer Farm zu leben, was sie ab der nächsten Woche tun wird.

Inwiefern belegt Sabines Biografie das 1. Prinzip des Existentialismus (»Der Mensch ist das, wozu er sich macht.«)?

---

1 Ein Vorschlag zur Erarbeitung von Sartres Existentialismus mit Hilfe der Methode der Text-Rekonstruktion findet sich in: Michael Wittschier, Textschlüssel Philosophie. 30 Erschließungsmethoden mit Beispielen, bsv-Patmos, München 2010, S. 83 ff.

Horizontaler Transfer

1. Ergebnis der kontrollierten Problemlösung

Für den Utilitarismus ist diejenige Handlung moralisch richtig,	
deren Folgen	Konsequenz- Prinzip
für das Wohlergehen	hedonistisches Prinzip
aller Betroffenen	Universalitäts-Prinzip
optimal sind.	Utilitäts-Prinzip

2. Vorgegebenes Anwendungsbeispiel

Es war einmal ein Prinz namens Peter. Während er das College besuchte, wurde er mit Werken des großen englischen Utilitaristen[2] John Stuart Mill[3] bekannt. Diese Lektüre brachte ihn zu der Überzeugung, unter den gegebenen Umständen sei jeweils **jene Handlung sittlich richtig, durch die sich das größtmögliche Glück für die größtmögliche Zahl von Menschen[4] verwirklichen lasse**. Peter war ein sehr gewissenhafter, doch nicht sonderlich begabter junger Mann, dem es schon immer darauf angekommen war, stets das Richtige zu tun. Jetzt war er sich ganz sicher, er hätte endlich die entscheidende Formel zur Bestimmung des sittlich Richtigen für alle Fälle gefunden. Mit Begeisterung machte er sich daran, sein neues Prinzip nun auch in die Tat umzusetzen.

Doch seltsamerweise hatten Peters Freunde den Eindruck, seine Handlungsweisen würden eher falscher als richtiger. Ehe Peter John Stuart Mill entdeckt hatte, war er immer ein sehr verlässlicher Mensch gewesen. Man konnte auf sein Wort bauen, er bezahlte pünktlich seine Schulden und erwiderte Freundlichkeit mit Freundlichkeit. Doch nun begann er, das seinen Freunden gegebene Wort zu brechen; wenn man ihn daraufhin ansprach, erklärte er mit großem Ernst, nach eingehender Überlegung sei er zu dem Schluss gekommen, aufs Ganze gesehen, sei es in diesem Fall besser, sein Versprechen zu brechen. Prinz Peter hatte natürlich ein reichliches Taschengeld zur Verfügung; doch es zerrann ihm geradezu zwischen den Fingern. Sein Freund Dick hatte ihm schon mehrere Male aushelfen müssen, und Peter hatte auch seine Schulden jeweils pünktlich am Monatsanfang zurückgezahlt. Doch auf einmal blieb er auch am Monatsanfang die geliehene Summe schuldig. Natürlich waren die Bettler, denen Peter das Geld gegeben hatte, darüber sehr glücklich; Dick aber hatte im Vertrauen auf das Wort seines Freundes ihm mehr geliehen, als er es sich eigentlich hätte leisten können. Peters andere Freunde versuchten, mit ihm darüber zu sprechen; doch immer schien er etwas zu tun zu haben, was seiner Ansicht nach mehr Gutes in der Welt bewirken würde als das Gespräch mit seinen Freunden. Und natürlich hatte er bei Zugrundelegung seines Prinzips[3] auch recht; denn Unglück gibt es in der Welt genug; und jeder, der versucht, jede einzelne seiner Handlungen an dem Prinzip des größtmöglichen Glücks für die größtmögliche Zahl auszurichten, wird tatsächlich Tag und Nacht beschäftigt sein. Wenn Peter weiterhin ein

Privatleben hätte führen können und dem Einfluss seiner Freunde ausgesetzt geblieben wäre, hätte er möglicherweise nach und nach seine Ansichten korrigiert; doch unglücklicherweise starb gerade zu dieser Zeit König Paul, und Peter folgte ihm auf dem Thron. Peters Königreich war klein und sehr rückständig; daher herrschte Peter in ihm wie ein absoluter Monarch. In seiner Begeisterung für sein neues Prinzip begann Peter sofort nach seiner Krönung neue Gesetze zu erlassen. Sein Volk war entsetzt, als Peter seine Mutter aus dem Palast holte und sie in einem Altenheim unterbringen ließ, und das, obwohl Peter mit Nachdruck auf all das Gute verwies, das er aus der Unterhaltsersparnis für die alte Königin den Armen des Landes zukommen lassen könnte. Doch erst als Peter mit der Vernichtung ›lebensunwerten Lebens‹ begann, dachte man in seinem Volk an Revolution. Natürlich hatte Peter die besten Absichten. Mit Hingabe erklärte er seinem Volk, es gebe zwei Wege, um die Gesamtsumme an Gutem zu erhöhen, nämlich einmal dadurch, dass man das Glück mehre, und dann dadurch, dass man das Leid mindere. Bei der sogleich angeordneten Vernichtung aller Menschen, die an unheilbaren und schmerzhaften Krankheiten litten, war Peter der Überzeugung, dies würde erheblich zur Förderung der Gesamtbilanz an Gutem gegenüber Üblem in seinem Königreich beitragen. Er war sich zwar im Klaren darüber, dass einige Verwandte der seiner Aktion zum Opfer Gefallenen nun sehr traurig seien, doch rechnete er damit, dass sie über kurz oder lang ihren Schmerz schon überwinden würden. Obwohl nun einige der medizinischen Einrichtungen des Landes der Gesundheitsvorsorge zugeführt werden könnten, sei diese Aktion, so erklärte Peter, keineswegs aus Kostengründen geschehen. So hatte er z. B. von den Geisteskranken nur jene töten lassen, die an unheilbaren Depressionen litten, doch alle jene geschont, die trotz ihrer Krankheit glücklich zu sein schienen. Das, was das Fass zum Überlaufen brachte, waren wohl die von Peter eingesetzten Glückskommissionen. Diese hatten Klagen gegen Bürger zu untersuchen, denen man vorwarf, sie würden durch ihre Existenz mehr Unglück als Glück bringen, und sie besaßen die Vollmacht, jene zu töten, deren Leid verursachende Eigenschaften sich nicht mehr abändern ließen. Als eine dieser Kommissionen die Tötung eines jungen Adligen mit einer Hasenscharte und einem verkrüppelten Körper aus dem Grund verfügte, weil sein Anblick viele Menschen unglücklich mache, sprang der Funke über. Großherzog Edmund, Peters Vetter, war der Anführer der Revolte. An der Spitze seiner Truppen stürmte er den Regierungspalast, und als er sein Schwert in Peters Herz bohrte, schrie er: Es tut mir leid, mein Vetter! Doch das hier gereicht ganz sicher zum größtmöglichen Glück für die größtmögliche Zahl!«

Richard L. Purtill, Grundfragen der Ethik, aus dem Engl. übers. v. Rudolf Ginters, Patmos Verlag, Düsseldorf 1977, S. 44 ff.

3. Transfer → Beispiel

1. Suche ein anderes Alltags-Beispiel, das deutlich macht, dass die Anwendung des utilitaristischen Prinzips in moralischer Hinsicht problematisch ist!
2. Mit welcher alternativen Letztbegründung von Moral (Pflichtethik, Ethischer Egoismus, Mitleidsethik) lassen sich die problematischen Anwendungsfolgen des Utilitarismus vermeiden?

---

2 Utilitarismus: Lehre von der Nützlichkeit
3 John Stuart Mill: englischer Philosoph (1806–1873)
4 Diese Formel beinhaltet vier Prinzipien: 1. Konsequenzprinzip (→ Folgen) / 2. Hedonistisches Prinzip (→ Glück) / 3. Universalitätsprinzip (größtmögliche Zahl von Menschen) / 4. Utilitätsprinzip (→ Praktikabilität)

●●●●● 6.2 Fünfsatz

T

Da der Kompetenzbereich Argumentieren und Urteilen als »Kern des Ethik- und Philosophieunterrichts«[1] anzusehen ist und man das ›Argumentieren (…) nur durch praktisches Argumentieren«[2] lernt, spricht alles dafür, am Ende einer Stunde den erreichten Diskussionsstand und/oder die Ergebnisse der Texterarbeitung (noch einmal) argumentativ zu fokussieren, zu vertiefen und/oder (weiter) zu problematisieren.
Damit leistet man zugleich einen Beitrag zum Aufbau einer fundierten Argumentations- und Urteilskompetenz, die sich ja unter anderem darin zeigen soll, dass die Schüler in der Lage sind, »eine begrenzte Argumentation begründet [zu] vertreten«[3] und »den Argumentationsprozess zu reflektieren.«[4]
Schon vor vielen Jahren hat sich Hellmut Geißner aus redetheoretischen und -pädagogischen Gründen für das Argumentieren im Fünfsatz ausgesprochen: »Er verhindert das Vorbringen unbegründeter Behauptungen und purer Verneinungen. (…) Wer den Fünfsatz beherrscht, kann situationsbezogen, kurz, sachlogisch geordnet, prägnant und redewirksam sprechen.«[5]
(i) Durch die Vorgabe einer fünfteiligen, anthropologisch fundierten[6], überschaubaren und klar gegliederten Argumentationsstruktur (s. u.: Argumentationsmuster) fordert man die Schüler dazu auf, eine schon bekannte Position mit Blick auf ihren zentralen Begründungszusammenhang noch einmal pointiert zusammenzufassen und eine überzeugende Anti-These zu formulieren.
(ii) Dazu können die Schüler zunächst in Einzelarbeit Ideen sammeln und diese anschließend mit ihrem Banknachbarn austauschen, ergänzen und optimieren.
(iii) In einer abschließenden kurzen Plenumsphase wird die spätere, schriftliche Ausformulierung durch das Sammeln von Stichworten bzw. Kernaussagen an der Tafel oder auf dem Overheadprojektor angeleitet und fachlich unterstützt.

5–10 Minuten

Einzel- oder Partnerarbeit → Plenum

- Die Arbeit mit dem Fünfsatz schafft gute Voraussetzungen für das Schreiben von Essays.[7]
- Der Unterrichtende bekommt durch den Einsatz der Methode eine klare und schnelle Rückmeldung über den Lernerfolg und kann ggf. noch einmal Missverständnisse oder Unklarheiten aus dem Wege räumen.

- Wenn Schüler noch größere Schwierigkeiten haben, gute Argumente zu finden, kann man ihnen ein überschaubares Spektrum von Gründen vorlegen, aus dem sie »eine begründete Auswahl treffen« sollen.[8] Die Bücher des französischen Philosophen Oscar Brenifier[9] können dafür eine gute Hilfestellung sein.

1–4 + 8 Anita Rösch, Kompetenzorientierung im Philosophie- und Ethikunterricht, Entwicklung eines Kompetenzmodells für die Fächergruppe Philosophie, Praktische Philosophie, Ethik, Werte und Normen, LER, LIT-Verlag, Berlin 2009, S. 254 + 251 (Zitat von Josef Kopperschmidt) + 257.

5 Hellmut Geißner, Der Fünfsatz. Ein Kapitel Redetheorie und Redepädagogik, in: Wirkendes Wort, Schwann-Verlag, Düsseldorf, 18. Jg. 1968, Heft 4, S. 271–273.

6 Wir können uns gleichzeitig gerade noch 5 verschiedene Begriffe, Zahlen, Eindrücke oder Gedanken gut merken, wie der Psychologe George A. Miller schon in den 50er Jahren empirisch festgestellt hat. Nachzulesen bei: Tor Nørretranders, Spüre die Welt, Die Wissenschaft des Bewusstseins, Rowohlt Verlag, Reinbek bei Hamburg 1994, S. 197.

7 Vgl. dazu auch: Michael Wittschier, Textschlüssel Philosophie. 30 Erarbeitungsmethoden mit Beispielen, bsv-Patmos, München 2010, S. 144–168 (Essaywerkstatt mit 12 Modulen).

9 Oscar Brenifier, Gut und Böse – Was ist das? / Ich – Was ist das? / Glück – Was ist das? Philosophieren mit neugierigen Kindern, aus dem Franz. v. Tobias Scheffel und Sabine Grebing, Boje Verlag, Köln 2010.

John Locke – Das Eigentum / 1

Ergebnis der kontrollierten Problemlösung

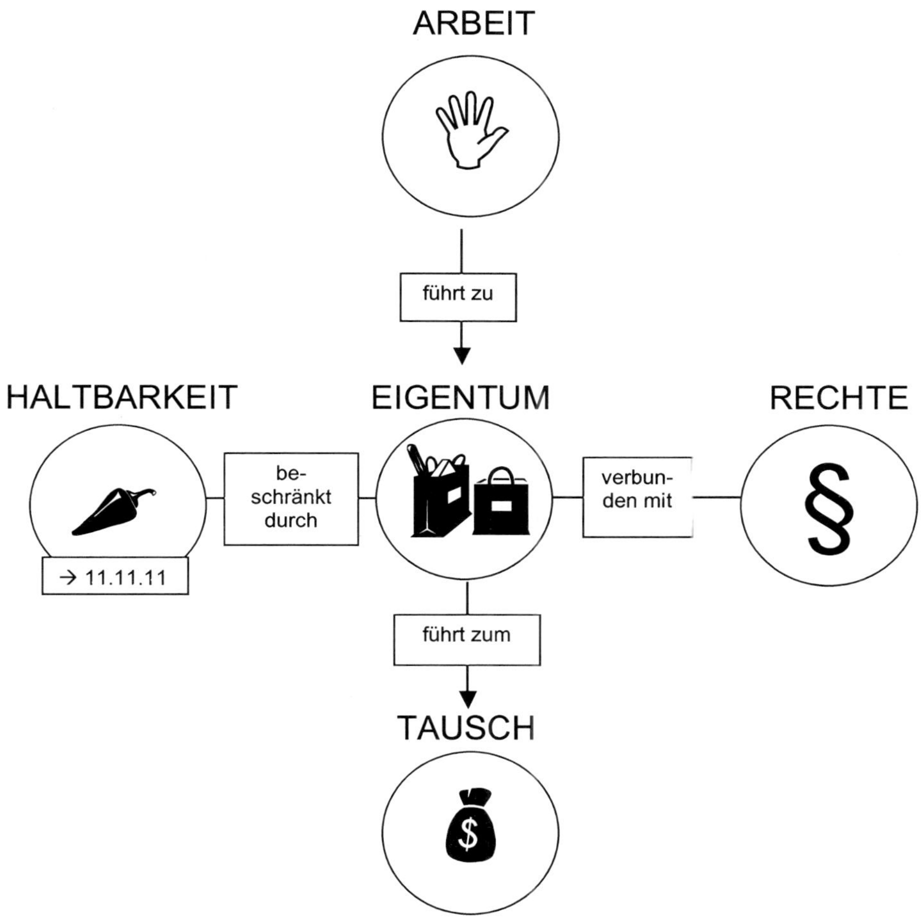

John Locke – Das Eigentum / 2

§ 27 Obwohl die Erde und alle niederen Lebewesen allen Menschen gemeinsam gehören, so hat doch jeder Mensch ein *Eigentum* an seiner Person. Auf diese hat niemand ein Recht als er nur allein. Die *Arbeit* seines Körpers und das *Werk* seiner Hände sind, so können wir sagen, im eigentlichen Sinne sein Eigentum. Was immer er also dem Zustand entrückt, den die Natur vorgesehen und in dem sie es belassen hat, hat er mit seiner Arbeit gemischt und ihm etwas Eigenes hinzugefügt. Er hat es somit zu seinem *Eigentum* gemacht. (...) Denn da diese *Arbeit* das unbestreitbare Eigentum des Arbeiters ist, kann niemand außer ihm ein Recht auf etwas haben, was einmal mit seiner Arbeit verbunden ist. Zumindest nicht dort, wo genug und ebenso Gutes den anderen gemeinsam verbleibt.

§ 28 Wer sich von Eicheln ernährt, die er unter einer Eiche aufliest, oder von Äpfeln, die er von den Bäumen des Waldes pflückt, hat sich diese offensichtlich angeeignet. Niemand kann bestreiten, dass dies seine Nahrung ist. Ich frage nun, zu welchem Zeitpunkt wurden sie sein Eigentum? Als er sie verdaute? Oder als er sie aß? Als er sie kochte? Als er sie nach Hause brachte? Oder als er sie aufsammelte? Wenn sie ihm nicht durch das erste Aufsammeln gehörte, dann ist es klar, dass nichts anderes sie ihm zu eigen machen konnte. Diese Arbeit bewirkte einen Unterschied zwischen ihnen und dem gemeinsamen Besitz. Sie fügte ihnen etwas hinzu, was mehr war, als die Natur, die gemeinsame Mutter von allem, ihnen gegeben hatte, und somit gelangte er zu einem persönlichen Recht auf sie. (...)

§ 32 Aber da der *Hauptgegenstand des Eigentums* heute nicht die Früchte der Erde sind und die Tiere, die auf ihr leben, sondern die *Erde selbst* als das, was alles Übrige enthält und auf sich trägt, ist es, glaube ich, offensichtlich, das auch das *Eigentum* an ihr genauso erworben wird wie das vorige. (...)

§ 34 (...) Er [= Gott] gab sie [= Erde] dem Fleißigen und Verständigen zur Nutznießung (und *Arbeit* sollte seinen *Rechtsanspruch* darauf bewirken), nicht aber dem Zänkischen und Streitsüchtigen für seine Launen und Begierden. (...)

§ 35 (...) So erkennen wir, dass die Unterwerfung oder Kultivierung der Erde und die Ausübung von Herrschaft eng miteinander verbunden sind. Das eine verleiht einen Rechtsanspruch auf das andere. (...)

§ 36 Das Maß des Eigentums hat die Natur durch die Ausdehnung der menschlichen *Arbeit* und durch die *Annehmlichkeiten des Lebens* festgesetzt. Keines Menschen Arbeit konnte sich alles unterwerfen oder aneignen, und sein Genuss konnte nicht mehr als nur einen kleinen Teil verbrauchen. (...) Das aber wage ich kühn zu behaupten: dieselbe Regel für das Eigentum (...) würde auch heute noch, ohne jemanden in Verlegenheit zu bringen, gültig sein, (...) wenn nicht die Erfindung des Geldes (...) die Bildung größerer Besitztümer und das Recht darauf mit sich gebracht hätte. (...)

§ 37 Es ist sicher, dass anfangs – ehe das Verlangen, mehr zu haben, als der Mensch benötigte, den inneren Wert der Dinge, der allein von ihrem Nutzen für das menschliche Leben abhängt, geändert hatte oder die Menschen *übereingekommen* waren, *dass ein kleines Stück gelben Metalls,* das sich weder abnutzt noch verdirbt, den gleichen Wert haben sollte wie ein großes Stück Fleisch oder ein ganzer Haufen Getreide – doch jeder Mensch ein Recht hatte, sich durch Arbeit so viel von den Dingen der Natur anzueignen, wie er verwenden konnte. (...)

§ 38 Derselbe Maßstab galt auch für den Besitz von Land: was jemand bebaute und erntete, aufbewahrte und verbrauchte, bevor es verdarb, war sein besonderes Recht. (...)

§ 40 Denn es ist tatsächlich die Arbeit, die jedem Ding einen unterschiedlichen Wert verleiht. (…) Ja, wenn wir die Dinge richtig veranschlagen wollen, so wie sie in unseren Gebrauch kommen, und die einzelnen Kosten berechnen, die auf ihnen liegen, wenn wir weiter wissen wollen, was sie eigentlich der Natur zu verdanken und was der *Arbeit*, so werden wir sogar herausfinden, dass man in den meisten Fällen neunundneunzig Hundertstel ganz dem Konto der Arbeit zuschreiben muss.

§ 41 (…) Brot, Wein und Tuch sind die Dinge des täglichen Gebrauchs und in großer Menge vorhanden. Wenn uns nicht die Arbeit jene nützlichen Waren lieferte, müssten Eicheln, Wasser, Blätter oder Felle unsere Speise, unser Trank und unsere Kleidung sein. Denn was Brot mehr wert ist als Eicheln, *Wein* als Wasser, *Tuch* oder *Seide* als Blätter, Felle oder Moos, ist ganz und gar der Arbeit und dem Fleiß der Menschen zu danken. (…)

§ 44 Aus all dem wird Folgendes ersichtlich: Obwohl die Dinge der Natur allen zur gemeinsamen Nutzung gegeben werden, lag dennoch die große Grundlage des Eigentums tief im Wesen des Menschen (weil er der Herr seiner selbst ist und Eigentümer seiner eigenen Person und ihrer Handlungen oder Arbeit). (…)

§ 45 So war es die Arbeit, die zuerst ein *Eigentumsrecht* verlieh, wo immer der Mensch sie auf das Gemeingut verwenden wollte. (…) Doch später wurde in manchen Gegenden der Welt durch die Zunahme der Bevölkerung und des Viehbestandes und durch den *Gebrauch des Geldes* das Land knapp, wodurch ihm einiger Wert verliehen wurde. Die einzelnen *Gemeinschaften* setzten deshalb die Grenzen ihrer verschiedenen Gebiete fest, regelten durch eigenen Gesetze das private Eigentum innerhalb ihrer Gesellschaft, und entschieden so durch *Vertrag* und Übereinkunft die *Frage des Eigentums*, das seinen Ursprung in der Arbeit und im Fleiß hatte. (…)

§ 46 Der größte Teil der für das Leben des Menschen wirklich nützlichen Dinge (…) sind im Allgemeinen Dinge von kurzer Dauer (…) Gold, Silber und Diamanten sind dagegen Dinge, denen eher die Launen und Übereinkunft der Menschen ihren Wert gegeben haben (…) Wer hundert Scheffel Eichen oder Äpfel sammelte, gewann dadurch Eigentum an ihnen. Sie gehörten ihm, sobald er sie gesammelt hatte. Er musste nur strikt darauf achten, dass er sie verbrauchte, bevor sie verdarben. (…) Und wenn er die Pflaumen, die in einer Woche verfault wären, gegen Nüsse tauschte, die sich zum Verzehr eine ganzes Jahr lang aufheben ließen, so beging er kein Unrecht. (…) Und wenn er wiederum seine Nüsse für ein Stück Metall weggab, dessen Farbe ihm gefiel, oder seine Schafe gegen Muscheln eintauschte, oder seine Wolle gegen einen funkelnden Kiesel oder Diamanten, und diese sein ganzes Leben bei sich aufbewahrte, so griff er damit nicht in die Rechte anderer ein. (…) Denn die Überschreitung der Grenzen seines rechtmäßigen Eigentums lag nicht in der Vergrößerung seines Besitzes, sondern darin, dass irgendetwas ungenutzt verdarb.

§ 47 *So kam der Gebrauch des Geldes auf*, einer beständigen Sache, welche die Menschen, ohne dass sie verdarb, aufheben und nach gegenseitiger Übereinkunft gegen die wirklich nützlichen, aber verderblichen Lebensmittel eintauschen konnten.

§ 50 (…) [Die Menschen] haben durch stillschweigende und freiwillige Übereinkunft einen Weg gefunden, wie ein Mensch auf redliche Weise mehr Land besitzen darf, als er selbst nutzen kann, wenn er nämlich als Gegenwert für den Überschuss an Produkten Gold und Silber erhält (…)

John Locke, Zweite Abhandlung über die Regierung. Aus dem Englischen von Hans Jörn Hoffmann, hrsg. und eingeleitet von Walter Euchner, © der deutschen Übersetzung Suhrkamp Verlag, Frankfurt am Main 1977, 5. Kapitel: Das Eigentum.

Argumentationsmuster I

1. Einordnung ⇩	»Ich möchte mich zu folgender (von X aufgeworfenen) Frage äußern …«	Ich möchte mich zu der von John Locke aufgeworfenen Frage äußern, wie die Menschen zu Eigentum gelangen.
2. Problem ⇳	»Er ist der Ansicht, dass …«	Er ist der Ansicht, dass der Mensch nur durch Arbeit ein Eigentumsrecht an der Natur erwirbt und die von ihm bearbeiteten ›Dinge‹ mit Hilfe des Tauschhandels in Eigentum von bleibendem Wert (Gold und Silber bzw. Immobilien) überführen darf.
3. Anti-These ⇩	»Ich dagegen …«	Ich halte es für äußerst fragwürdig, dass die Eigentumsfrage für alle Zeiten durch eine einmalig erbrachte Leistung (Ursprung des Eigentums in »der Arbeit und im Fleiß«) entschieden wird.
4. Begründung ⇩	»Dafür spricht, …«	Damit ›zementiert‹ Locke auf unabsehbare Zeit eine ökonomische Ungleichheit unter den Menschen, die dazu führt, dass sie aufgrund fehlender finanzieller Mittel nicht alle in gleicher Weise ihre Fähigkeiten entfalten können.
5. Konsequenz	»Deshalb sollte man …«	Deshalb sollte man im Sinne von John Rawls' Theorie der ›Gerechtigkeit als Fairness‹ soziale und wirtschaftliche Ungleichheiten so gestalten, dass sie zu jedermanns Vorteil dienen.

Argumentationsmuster II

<table>
<tr><td>1. These</td><td>»Bezüglich der Frage ... kann man (wie X) den Standpunkt vertreten, dass...«</td><td>⇔</td><td>3. Anti-These</td><td>»Ich dagegen ...«</td></tr>
<tr><td colspan="2">John Locke ist der Ansicht, dass der Mensch nur durch Arbeit ein Eigentumsrecht an der Natur erwirbt und die von ihm bearbeiteten ›Dinge‹ mit Hilfe des Tauschhandels in Eigentum von bleibendem Wert (Gold und Silber bzw. Immobilien) überführen darf.
⇩</td><td></td><td colspan="2">Ich halte es für äußerst fragwürdig, dass die Eigentumsfrage für alle Zeiten durch eine einmalig erbrachte Leistung (Ursprung des Eigentums in »der Arbeit und im Fleiß«) entschieden wird.
⇩</td></tr>
<tr><td>2. Begründung</td><td>»Als Begründung ...«</td><td></td><td>4. Begründung</td><td>»Dafür spricht, dass ...«</td></tr>
<tr><td colspan="2">Denn der Wert, den die natürlichen Dinge für uns haben, sind (nach seiner Ansicht) in den meisten Fällen zu neunundneunzig Hundertstel ganz dem Konto der Arbeit geschuldet.
⇘</td><td></td><td colspan="2">Damit ›zementiert‹ Locke auf unabsehbare Zeit eine ökonomische Ungleichheit unter den Menschen, die dazu führt, dass sie aufgrund fehlender finanzieller Mittel nicht alle in gleicher Weise ihre Fähigkeiten entfalten können.
⇙</td></tr>
<tr><td></td><td>5. Konsequenz</td><td colspan="2">»Deshalb sollte man ...«</td><td></td></tr>
<tr><td></td><td colspan="3">Deshalb sollte man im Sinne von John Rawls' Theorie der ›Gerechtigkeit als Fairness‹ soziale und wirtschaftliche Ungleichheiten so gestalten, dass sie zu jedermanns Vorteil dienen.</td><td></td></tr>
</table>

6.3 Begriffsbilder

Diskursivität ist kein Alleinstellungsmerkmal der Liebe zu Wissen und Wahrheit. In seiner »Philosophie der symbolischen Formen« betonte Ernst Cassirer schon in den 20-er Jahren des letzten Jahrhunderts, dass wir immer (auch schon) in Bildern denken. Sie haben deshalb eine nicht zu »unterschätzende didaktische Funktion (...). Es gehört zum Handwerk eines jeden Lehrers, Begriffsstrukturen zu visualisieren, Gedanken mit Hilfe von Beispielen zu veranschaulichen oder Abbildungen heranzuziehen.«[1] Deshalb ist es auch nur folgerichtig, dass die einheitlichen Prüfungsanforderungen in der Abiturprüfung »künstlerisch-kreative Gestaltungsprozesse [als selbstverständlichen] Bestandteil einer Aufgabenstellung im Fach Philosophie«[2] ansehen.
Da es am Ende des Unterrichts darauf ankommt, die Schüler zum Weiterdenken anzuregen (»Schließlich geht es in der Transferphase um Anwendung und Erprobung an Beispielen, kritische Stellungnahme und anschließende offene Fragen.«[3]), liegt es nahe, ihnen die Möglichkeit anzubieten, das Ergebnis der Begriffsarbeit – inversanalog zur Hinführungsphase – narrativ-visuell zu transformieren: »Die Beschäftigung mit Anschaulichem im Kontext philosophischer Überlegungen bewirkt ein fruchtbares Zusammenspiel von begrifflich-sprachlicher und anschaulich-figurativer Repräsentation.«[4]
Dieses Zusammenspiel lässt sich in einfacher Form auch mit dem Gedanken-Anreger ›Symbol‹ (→ 3.1.) herstellen: Zu einem (vorläufig geklärten) Begriff auf der Sachebene sollen die Schüler eine analoge Entsprechung auf der Bildebene finden und explizieren.

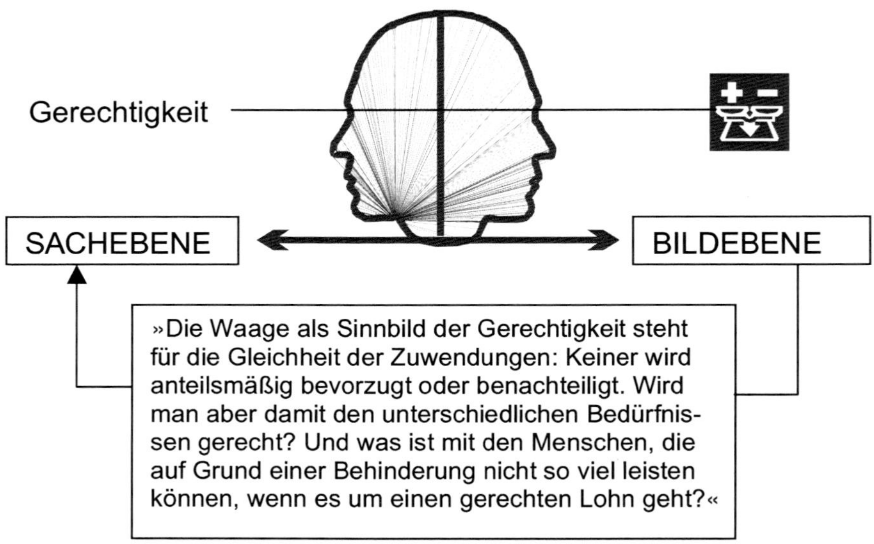

Da es bei dem Einsatz von Begriffsbildern in der Transferphase aber vor allem darum geht, zu einem (komplexen) Gedankenzusammenhang einen passenden bildlichen Vergleich zu finden, dürften Schüler in der Regel mit einer solch anspruchsvollen Aufgabenstellung überfordert sein. Deshalb sollte man besser auf eine der vielen, schon vorliegenden Visualisierungen (z. B. Bilder von Magritte, Karikaturen und Begriffsnetze[5])) zurückgreifen.

5–8 Minuten

Einzel- bzw. Partnerarbeit → Plenum

- Während die ›reine‹ Begriffsarbeit sich sprachlich und damit vor allem auditiv vollzieht, werden durch Begriffsbilder in erster Linie die visuellen Lernertypen angesprochen.
- Im Einzelfall kann es zwar schwierig (oder gar unmöglich) sein, ein passendes Bild für diese Transfer-Methode zu finden, aber wenn es gelingt, kann man in der Zukunft immer wieder darauf zurückgreifen und es ggf. auch für eine Hinführungsphase verwenden.
- Der reflexive Transfer-Auftrag eignet sich in jedem Fall auch als Hausaufgabe und kann problemlos dorthin verlagert werden.

- Eine Fülle von philosophisch interessanten Bildern findet man in den vorhandenen Arbeitsbüchern Ethik und Philosophie, speziell in der Folienmappe ›Ethik im Bild‹[6].

1 Ernst Rohbeck, Editorial zu »In Bildern denken II«, Zeitschrift für Didaktik der Philosophie, Schroedel Verlag, Hannover, 4/1992, S. 206.
2 Beschlüsse der Kultusministerkonferenz Einheitliche Prüfungsanforderungen in der Abiturprüfung Philosophie – i.d.F. vom 16.11.2006, Wolters Kluwer, München, Neuwied 2007, S. 6.
3 Rolf Sistermann, Unterrichten nach dem Bonbonmodell. Ein Musikvideo als Hinführung zur Reflexion über die Endlichkeit des Lebens (ab Klasse 8), in: ZDPE (Zeitschrift für Didaktik der Philosophie und Ethik), Siebert Verlag, Hannover, 4/2008, S. 299–305.
4 Helmut Engels, Man muss es ihnen nur zutrauen! Über das Verfassen von fiktionalen Texten im Philosophieunterricht, Zeitschrift für Didaktik der Philosophie, Schroedel Verlag, Hannover, 2/2002, S. 113 f.
5 Allein in Michael Wittschier, Philosophie kompakt. Grundlagen in Texten und Grafiken, Patmos Verlag, Düsseldorf 2008 findet man über 200 Begriffsnetze zu klassischen Texten von Platon bis Foucault.
6 Jörg Peters, Bernd Rolf, Ethik im Bild, Folienmappe zu Ethik aktuell, C. C. Buchner Verlag, Bamberg 2003. Zu jeder der 28 OHP-Folien gibt es Informationen zum Künstler, Hinweise zur Interpretation des Bildes und eine Einordnung in den philosophischen Zusammenhang.

Einführung in das philosophische Denken / Erkenntnistheorie

① Bildebene = Platons Höhlengleichnis
① Sachebene: Strukturskizze der begrifflichen Deutung

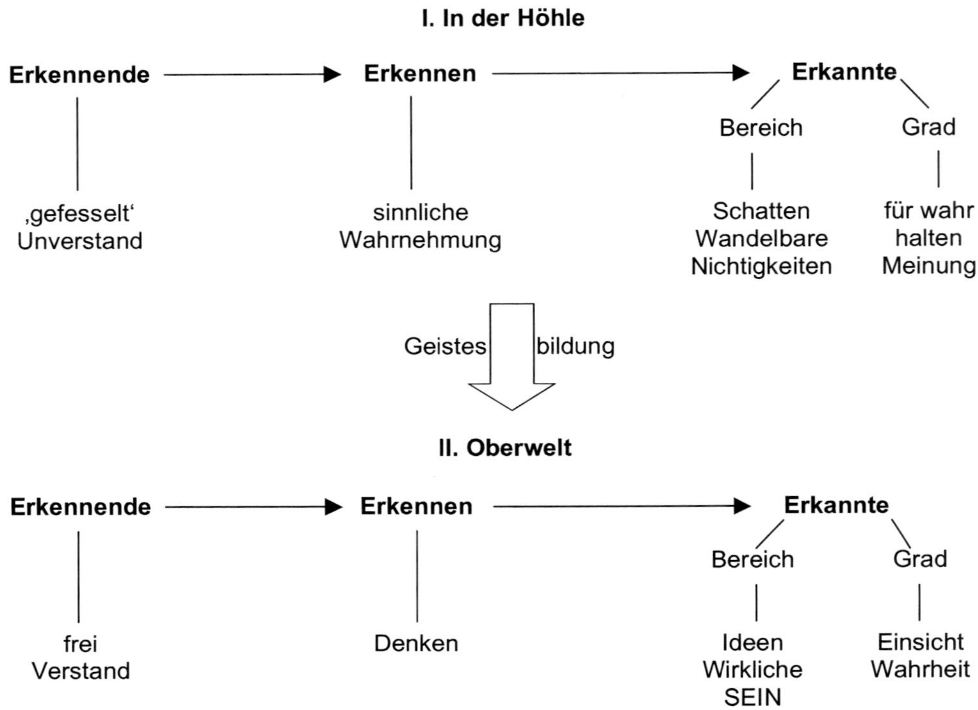

③ Narrativer Transfer: Märchen

Lieber Sean,
mein Philosophielehrer hat mich gebeten, dir[1] einmal genau zu erklären, was eigentlich ein Apfel ist. Ich versuche es mit folgendem Märchen:

Es war einmal ein Bauer. Er besaß viele Morgen Land, auf denen er seine verschiedenen Obstbäume aufzog, denn er war ein Obstbauer. Viele Jahre vergingen und jedes Jahr aufs neue wuchsen den Bäumen erst Knospen und Blätter, dann hingen sie voll mit saftigen Früchten, um danach langsam die Blätter zu verlieren, bis sie schließlich kahl und nackt auf den gefrorenen Wiesen des Bauern auf die nächsten Knospen und Blätter warteten. Als er nun eines schönen Morgens im Herbst bei seinen Apfelbäumen stand und die vielen und reifen Äpfel pflückte, um sie anschließend auf dem Markt zu verkaufen, da rüttelte plötzlich jemand an seiner Leiter und schrie: »He, da! Was ist dies für ein wundersamer Ort hier?«

1 Die Hausaufgabe lautete: »Schreib einen Brief an einen Schüler der Klasse 5, in dem du ihm Platons Ideenlehre an Hand eines Beispiels erklärst.«

Der Bauer erschrak und begann heftig auf der Leiter zu taumeln, sodass er fast gestürzt wäre. Als er sich aber umblickte, wer ihn da so erschrocken hatte, war ringsumher niemand zu sehen. Da schrie es abermals: »He, hörst du mich etwa nicht?« Und als der Bauer herunter sah, da stand ganz am Fuße der Leiter ein kleines schillerndes Wesen, mit einem viel zu großen Kopf. Verdutzt stieg er herab, bestaunte es lange, da er etwas Vergleichbares noch nie zuvor gesehen hatte, und fragte es dann, warum es wissen wolle, was dies für ein Ort wäre, und wo es denn bitte herkäme.

Da antwortete das Wesen, indem es mit dem Finger nach oben zeigte, und meinte: »Von da bin ich gekommen, und ich habe mir sehr lange diese wundersame Welt angeguckt. Wie heißt das Ding, auf das du da geklettert bist?« Der Bauer antwortete, es sei ein Baum, und da der kleine Kerl ihm gefiel, bot er ihm einen Apfel an. Dankend nahm das Wesen ihn entgegen und fragte dann mit vollem Mund: »Und wie heißt das, was du mir gerade zum Geschenk gemacht hast?« Dass sei ein Apfel, entgegnete der Bauer, der sich auf den Boden setzte, ebenfalls einen Apfel zu Hand nahm und hineinbiss. »Und was isst du da?«, wollte der schillernde Zwerg wissen. Abermals sagte der Bauer ihm, dass es ein Apfel sei. Worauf das Wesen interessiert antwortete: »Wie kann das sein? Deiner ist rot und meiner ist grün.« »Trotzdem ist es ein Apfel«, beharrte der Bauer. »Wie willst du das wissen? Woran erkennt man einen Apfel?« Jetzt schwieg der Bauer. Tatsächlich hatte er nie darüber nachgedacht, wie ein Apfel aussehen musste, um ein Apfel zu sein. Endlich sagte er: »Sie sind rund und entweder rot oder grün.« Das kleine Wesen rannte zu einem anderen Baum, hob etwas auf und kehrte schnell wieder zurück. Stolz hielt es dem Bauern eine Kirsche hin und fragte: »Ist das ein Apfel?« Dieser schüttelte den Kopf: »Das ist eine Kirsche. Ein Apfel ist größer.« »Das verstehe ich nicht«, sagte der kleine Kerl betrübt, »von der Größe hast du nichts gesagt«. Der Bauer dachte lange nach, aber nach einer Weile antwortete er: »Weißt du, ich habe ein Bild von einem perfekten Apfel in meinem Kopf. Ich stelle es mir vor: Groß und leuchtend rot und saftig und am besten noch mit einem kleinen Blatt am Stiel. Und alles, was diesem makellosen Apfel auf bestimmte Weise ähnelt, das ist auch ein Apfel.« Das Wesen blickte zuerst äußerst nachdenklich, und rief dann plötzlich: »Wie schön. Wenn es ein Bild ist, dann kannst du es mir malen. Dann weiß auch ich endlich, was ein Apfel ist.« Der Bauer musste den Kleinen abermals enttäuschen und sagte: »Ich könnte den Apfel niemals genau so wie in meiner Vorstellung zeichnen. Dafür arbeiten meine Hände zu ungenau und meine Augen sind nicht fein genug.« Nun saß der kleine Kerl, der dem Bauern inzwischen sehr leid tat, noch eine Weile auf der Wiese herum, bis er schließlich aufstand und an den Bauern herantrat.

Er reichte ihm die Hand und sagte, er müsse nun nach Hause. Und als der Bauer ihm einen weiteren Apfel schenken wollte, lehnte er ab, und sagte: »Du hast mir heute schon genug geschenkt.« Verblüfft fragte der Bauer, was er ihm denn außer dem Apfel noch geschenkt habe. Lachend antwortete das Wesen: »Die Erkenntnis, die ich heute erlangt habe, ist umso vieles mehr wert als ein Apfel; ich danke dir dafür. Und sei nicht traurig, dass du mir deinen Apfel nicht zeichnen konntest. Wie sollte man auch so etwas Großartiges wie deine Idee von einem Apfel zeichnen können? Lass mich dir etwas schenken. Es ist ein wunderbarer Traum, der dir hoffentlich viel Freude bringt.« Nach diesen Worten wand sich das Wesen um und ging. Es lief immer weiter, bis es nicht mehr zu sehen war.

Der Bauer jedoch wartete noch eine Weile und ging dann heim. Es war bereits spät und er war müde. Und als er in der Nacht schlief, träumte er davon, dass er unter einem Apfelbaum saß und der ganze Baum hing voll makelloser leuchtend roter, saftiger Äpfel mit einem kleinen Blatt am Stiel.

Viele Grüße — dein Johannes[1], Stufe 11

1 Johannes Meier, Engelbert-von-Berg-Gymnasium, Wipperfürth

Anthropologie

① Max Scheler: Die Stellung des Menschen im Kosmos (1928)
Bouvier Verlag, Bonn [12]1991, S. 36 ff.
② Strukturskizze zum Unterschied Mensch – Tier

TIER

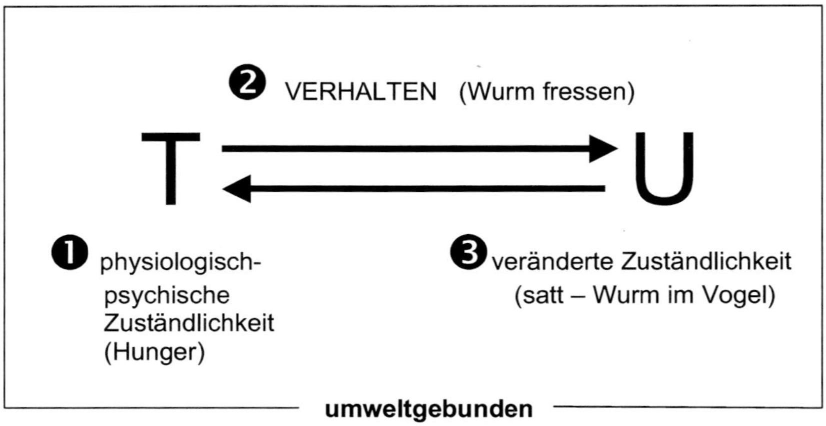

MENSCH als Geistwesen

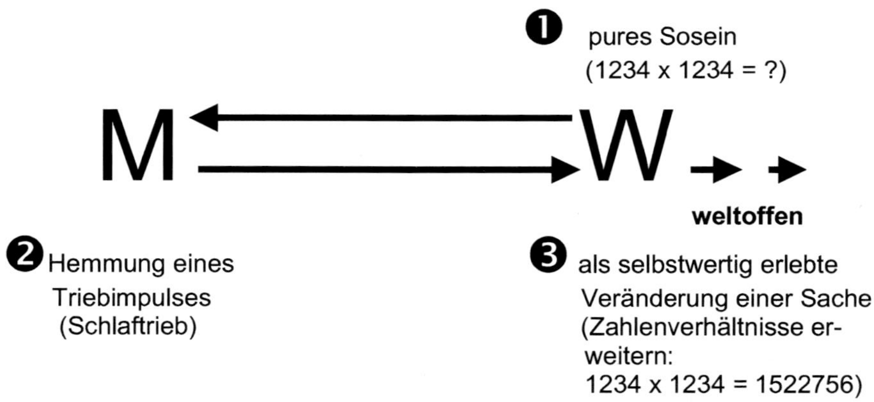

③ Bild → Begriff-Transfer

Determination und Freiheit

① John Hospers, Zweifel eines Deterministen

aus: John Hospers, What Means Freedom?, in: Sidney Hook (Hrsg.), Determinism and Freedom in the Age of Modern Science, New York and London, Collier Books 1961, S. 131–38, übersetzt von Dieter Birnbacher

② Max Planck, Vom Wesen der Willensfreiheit

in: Max Planck, Wege zur physikalischen Erkenntnis, S. Hirzel Verlag, Leipzig [4]1944

③ Strukturskizze: Harter vs. epistemischer Indeterminismus

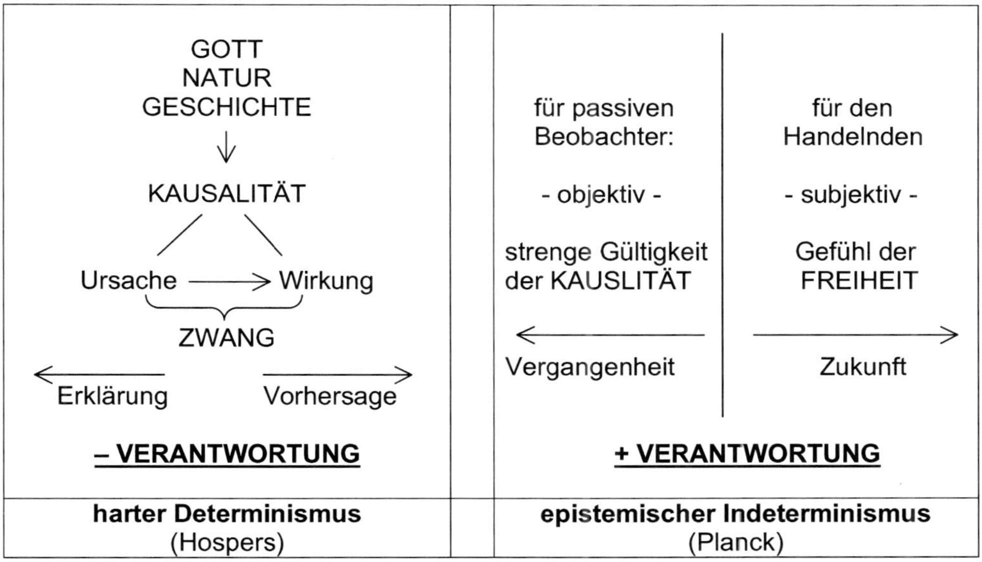

③ Bild-Transfer

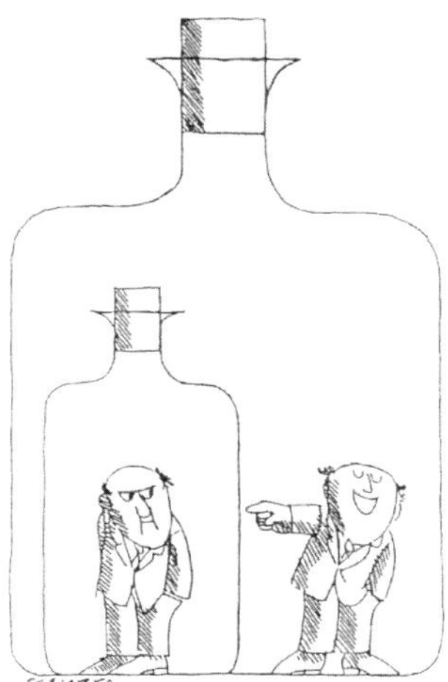

Jules Stauber

① Thomas Hobbes, Leviathan
oder Stoff, Form und Gewalt eines kirchlichen und bürgerliches Staates,

hrsg. und eingeleitet von Irving Fetscher, übersetzt von Walter Euchner, Neuwied und Berlin 1966, Luchterhand-Verlag, Lizenzausgabe Suhrkamp Taschenbuch Verlag 2004, stw 462, S. 94 ff., 136 ff., 255

② Strukturskizze: Befugnisse des Leviathans

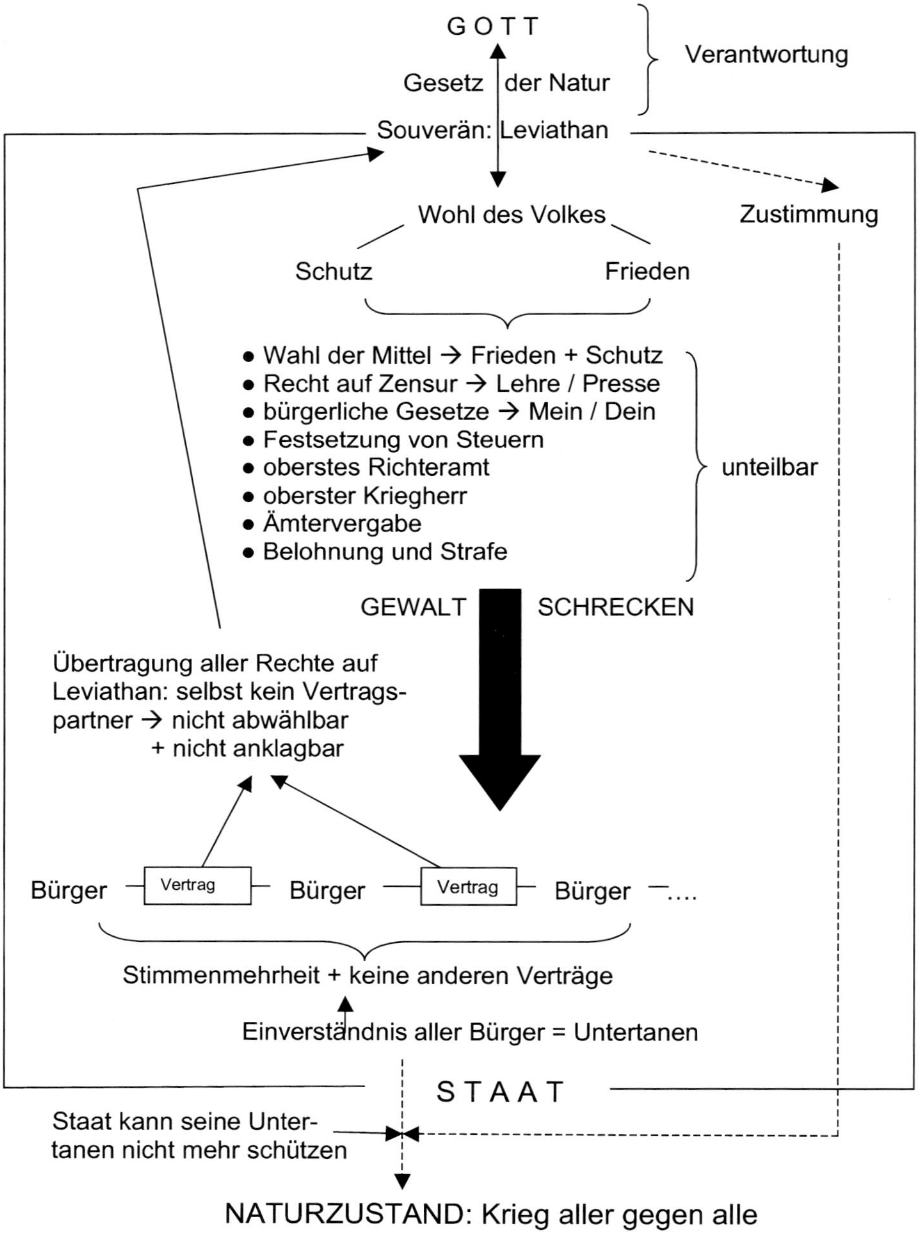

③ Illustration zum Leviathan

	»Non est potestas super terram quae comparetur ei« – »Auf Erden ist ihm niemand zu gleichen (er ist gemacht, ohne Furcht zu sein. Er verachtet alles, was hoch ist; er ist ein König über alle Stolzen.) – Buch Hiob, Kapitel 41 (Leviathan = Seeungeheuer)	
Körper aus 300 Menschen gebildet; überragt die Landschaft Schwert = **weltliche** Gewalt Schloss = Residenz Krone = Symbol Kanone = starke Waffen Gewehre = leichte Waffen Offene Feldschlacht = Kampfplatz		Haupt = Leviathan Bischofsstab = **kirchliche** Gewalt Kirche = Residenz Mitra = Symbol Bannstrahl = starke Waffe Syllogismus (3-Spitz), Scholastische Logik (Gabeln + Forken), Dilemma (Doppelhorn) Öffentliche Disputation = Kampfplatz
	LEVIATHAN oder Stoff, Form und Gewalt eines kirchlichen und bürgerliches Staates von Thomas Hobbes London 1651	

7.1 Raumregie

In Abwandlung eines berühmt gewordenen Diktums von Paul Watzlawick[1] kann man sagen, dass man es als Unterrichtender nicht vermeiden kann, räumlich Stellung zu beziehen und schon alleine dadurch die Gesprächssituation mit der Lerngruppe (stark) beeinflusst. Gute Theater- und Filmregisseure setzen den Raum immer schon als Mitspieler ein, um eine Aussage zu intensivieren. Es geht dabei vor allem um die Herstellung von Distanz bzw. Nähe (Proxemik) und das Agieren im Mittelpunkt des Geschehens bzw. das Beobachten am Rande (s. u.). Aber auch die Bewegung im Raum spielt eine wichtige Rolle, wenn es um den nonverbalen Anteil[3] der Kommunikation geht, der fast 80 % (›Eisbergmodell‹[2]) ausmacht.

Der Erziehungswissenschaftler und Gründungsrektor der Reform-Gesamtschule Gelsenkirchen-Bismarck (EGG) Rainer Winkel, der mit Hilfe von Videoaufzeichnungen über 150 Unterrichtsstunden von rund 40 Kollegen systematisch beobachtet hat, unterscheidet acht typische ›Lokomotionen‹[4] innerhalb von drei deutlich abgrenzbaren, exklusiven Lehrerzonen im Klassenzimmer – der ›Bühne‹ vor der Tafel, dem ›Laufsteg‹ zwischen den Bänken und dem ›Fluchtkorridor‹ vor der Tür. (s. u.) Winkel kommt zu dem Ergebnis, dass »jeder Lehrer bevorzugte Lokomotionen (…) ausführt«, dass »keine der insgesamt acht Formen (…) ›schlecht‹ oder ›gut‹« ist und dass die jeweilige Stellung und Bewegung im Raum »die stärkste Auswirkung (…) auf die methodische Dimension des Unterrichts« hat[5]. Hierbei ist ganz entscheidend, ob Standpunkt und Bewegung die Lehrerintention unterstützen, kontraproduktiv unterlaufen oder gar Double-bind-Botschaften aussenden. Ein Lehrer, der seine Schüler nicht nur gedanklich, sondern auch mit Blick auf unterschiedliche Sozialformen in Bewegung bringen möchte, sollte natürlich nicht selbst die ganze Zeit auf der Stelle treten oder sitzen. Wer schülernah bzw. -orientiert arbeiten will, ist schlecht beraten, die größtmögliche Distanz zur Lerngruppe in der Ecke neben der Tafel zu suchen, und wer seine Schüler dazu animiert, in Gruppen intensiv zusammenzuarbeiten, sollte sie dabei nicht ständig durch Herumlaufen und Dazwischenreden stören.

Die kommunikative Zusammenarbeit mit der Lerngruppe wird aber auch ganz entscheidend durch die Gestaltung die Sitzordnung geprägt, wobei das Klassenraum-Arrangement zugleich Spiegelbild der jeweiligen Lernkultur ist.

Auch hierbei geht es nicht um die Frage gut oder schlecht, fortschrittlich oder altmodisch, sondern nur darum, ob die Schüler so sitzen (können), dass sie – entsprechend der gewählten Methode – optimal (zusammen) arbeiten können. Für das Fach Philosophie haben sich die Sitzanordnungen ›Hufeisen‹ bzw. ›Sitzungssaal‹ und ›Konferenztisch‹ als besonders hilfreich für das gemeinsame Denk-Gespräch erwiesen.

45–90 Minuten

Einzel-, Partner-, Gruppenarbeit, Plenum

- Mit einem Minimum an Aufwand lässt sich durch die Klassen- bzw. Kursraumgestaltung viel erreichen, um die Kommunikationssituation zu optimieren.
- Gute Erfahrungen mit einer veränderten Raumregie lassen sich auch für Unterrichtssituationen in einem anderen Fach fruchtbar machen.

- Sitzordnungen sollte man nicht ohne Erklärung oder gegen den Willen der Schüler verändern; am ehesten kann man sie mit der Einladung zu einem ›Experiment‹ dazu motivieren, sich und die Lernsituation einmal anders zu erleben.
- Die Entdeckung der eigenen Vorliebe für eine bestimmte Lehrer-Lokomotion (»Hilfe, ich bin ja ein ›Heizungswärmer‹ oder ein ›Stuhlhocker‹!«) (ver-) führt hoffentlich nicht zum Psychologieren, sondern zum neugierigen Variieren.

---

1 Paul Watzlawick u.a., Menschliche Kommunikation, Verlag Hans Buber, Bern-Stuttgart-Toronto, 8. unveränderte Auflage 1993, S. 51: »Man kann sich nicht nicht verhalten.«

2 Vgl. dazu Samy Molcho, Alles über Körpersprache, Goldmann Verlag, München 2002.

3 Auf die Faktoren Kleidung, Körperhaltung, Gestik, Mimik und Stimmführung kann in diesem Zusammenhang nicht eingegangen werden.

4 + 5 Rainer Winkel, Theorie und Praxis der Schule. Oder: Schulreform konkret – im Haus des Lebens und Lernens, Schneider Verlag, Hohengehren 1997, S. 255 + 261.

Kommunikative Aussage der Stellung im Raum

DISTANZ

Ich will den **Überblick** behalten

DISTANZ

Ich vertrete die **Sache**.

NÄHE

Ich will als Wissens-**vermittler** den Überblick behalten.

NÄHE

Ich bin das dialogisches **Zentrum**.

Er bewegt sich am liebsten neben und vor der Tafel, auf der er die Ergebnisse seiner anspruchsvollen Unterrichtsarbeit dokumentiert.

Er wirkt recht unbeweglich bzw. distanziert und hat von seinem Standpunkt aus sowohl die Schüler wie die Tafel ständig im Blick.

Er thront gerne als narrativer Mittelpunkt des Unterrichts über seinen Schülern und will zugleich Aufmerksamkeit und Kontrolle.

Er ist ein Energiebündel und will ständig aufmuntern, motivieren und begeistern, wirkt aber zuweilen gerade dadurch kontraproduktiv.

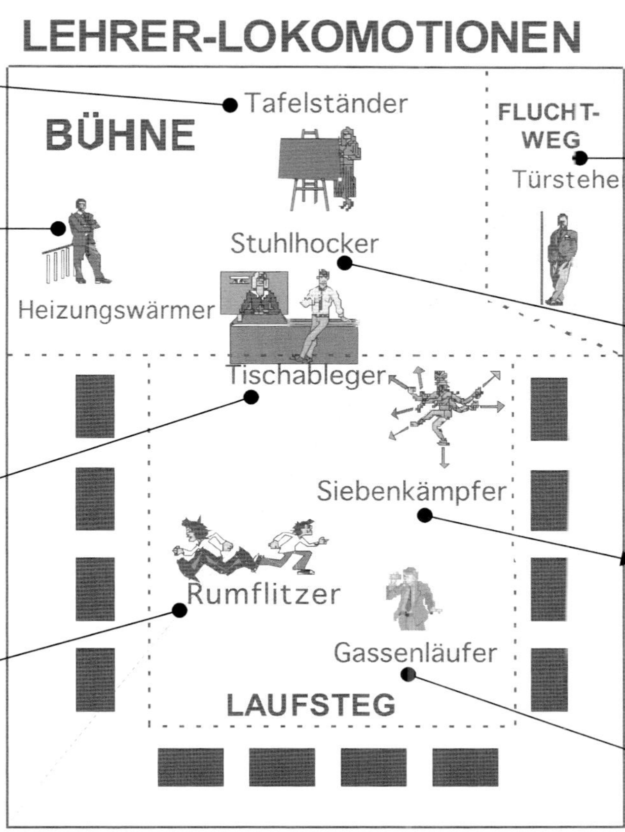

Er ist mit dem Heizungswärmer verwandt und spielt gerne die rerservierte, aber alles beherrschende Vermittlerrolle.

Abgesehen von gelegentlichen Ausflügen zur Tafel ist er das unbewegliche Spiegelbild seiner Schüler.

Je nach Situation wechselt er flexibel den Standort und beherrscht im Idealfall alle Formen der Lokomotion.

Das ständige Hin- und Herlaufen passt zu seinem belehrenden Unterrichtsstil.

Alle Deutungen nach Rainer Winkel, Theorie und Praxis der Schule, Oder: Schulreform konkret – im Haus des Lebens und Lernens, Schneider Verlag, Hohengehren 1997, S. 257–260.

Klassen-/Kursraumregie

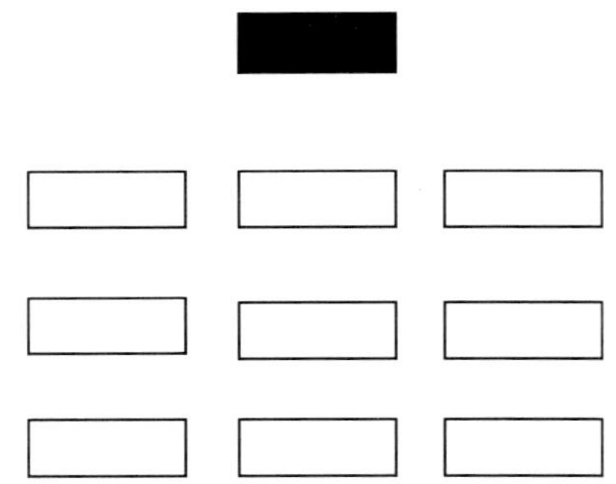

① **Hörsaal** → Einzelarbeit / Plenum

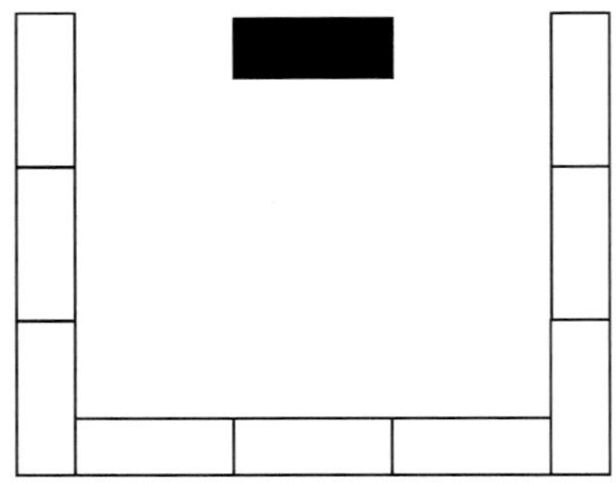

② **Sitzungssaal** → Plenum

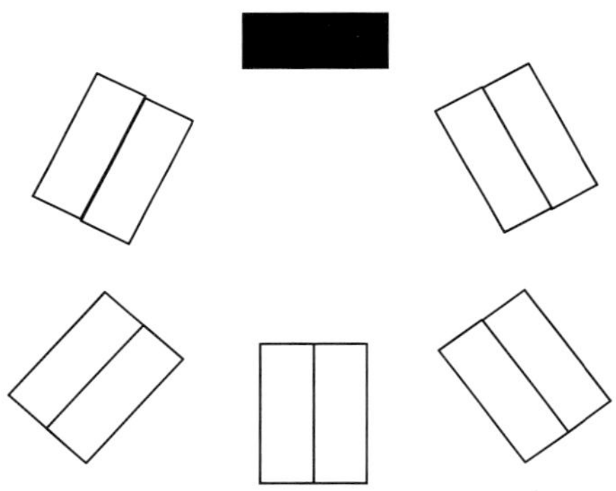

③ **Gruppenraum**
→ Partner-/Gruppenarbeit

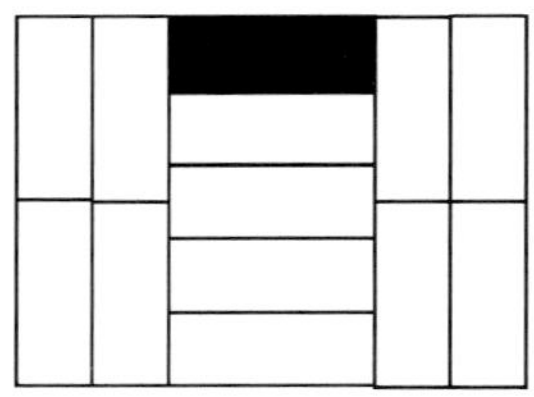

④ Konferenztisch → Plenum

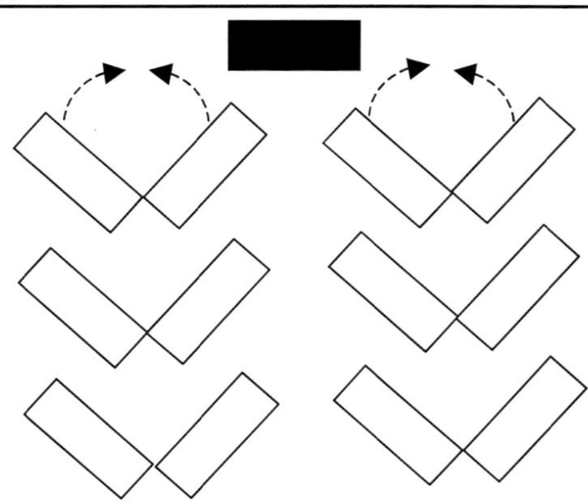

⑤ **Hörsaal + Gruppenraum**

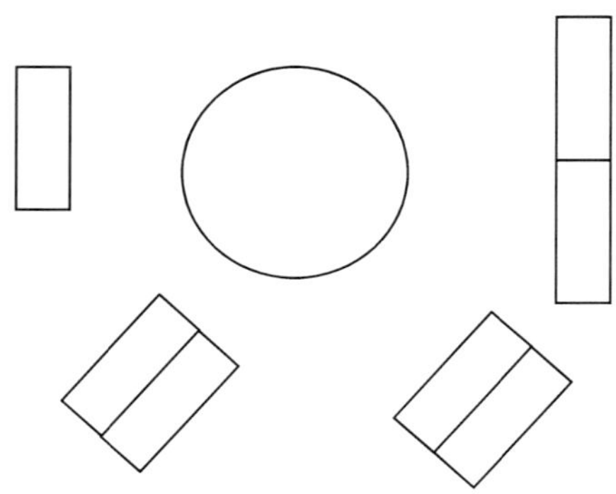

⑥ **Lebensraum** → Freiarbeit

7.2 Zeitplanung

Tempus fugit. (Die Zeit flieht.) Diese alte, aber unerbittliche Wahrheit lässt nicht nur junge Kollegen verzweifeln. Ganz ›plötzlich‹ ist die Stunde zu Ende, aber man will und kann sie eigentlich noch nicht beenden.
Natürlich ist eine gut geplante Stunde so angelegt, dass die Lerngruppe die angestrebten Ziele mit den zur Verfügung gestellten Mitteln in der zur Verfügung stehenden Zeit auch erreichen kann, aber Schüler dürfen und sollen ja nicht verplant und im Minutentakt verwaltet werden. Wenn man ihnen aus guten Gründen in der Phase der intuitiven Problemlösung Zeit zum genuinen Philosophieren anbietet oder in der Phase der kontrollierten Problemlösung Methoden der Textarbeit[1] einsetzt, die je nach Lerntempo mehr oder weniger Zeit in Anspruch nehmen (können), ist fast immer damit zu rechnen, dass für die Sicherungs- und Transferphase weniger Zeit als vorgesehen zur Verfügung steht. Deshalb ist es sinnvoll und entlastend zugleich, für jede Unterrichtsphase einen Circa-Zeitrahmen festzulegen, diesen möglichst auch schon in einer Agenda anzukündigen und von vorneherein mindestens eine so genannte ›Sollbruchstelle‹[2] einzuplanen; auf jeden Fall vor der Transferphase.

45–90 Minuten

Alle Sozialformen

- Es spricht nichts dagegen, vor dem Eintritt in eine Gesprächsphase den eingeplanten Zeitrahmen anzukündigen (»Wir werden in den nächsten 7–8 Minuten …«) und ca. eine Minute vor Schluss noch einmal an das geplante Diskussionsende zu erinnern. Dann können sich die Schüler von vorneherein darauf einstellen, dass die Redezeit begrenzt ist.
- In der Regel können Schüler den Transferauftrag auch gut zu Hause erledigen; falls die Aufgabenstellung dafür modifiziert werden muss, sollte man sie schon vorausschauend im Vorfeld der Stunde bedenken.

- Ein gut sichtbarer, rückwärts laufender ›Time Timer‹[3], der mit Hilfe eines kleiner werdenden roten Kreissegments anzeigt, wie viel Bearbeitungszeit noch zur Verfügung steht, ist eine gute optische Hilfe beim Zeitmanagement. Alternativ kann man auch mit einer Zeitleiste (15' → 10' → 5' → 1') an der Tafel arbeiten, die vom Unterrichtenden durch Wegwischen der abgelaufenen Zeit immer wieder aktualisiert wird.

1 Vgl. dazu: Michael Wittschier, Textschlüssel Philosophie. 30 Erschließungsmethoden mit Beispielen, bsv-Patmos, München 2010.
2 Sollbruchstelle: Ritze oder Kerbe, z. B. bei einer Schokoladentafel, um ein Bestandteil leicht und bequem abtrennen zu können; hier im übertragenen Sinne gebraucht.
3 Eine solche Zeitdauer-Uhr mit Ablaufsignal bietet z. B. die Firma www.timetex.de speziell für Lehrer an.

Fahrplan → Stundenenden

<table>
<tr>
<td>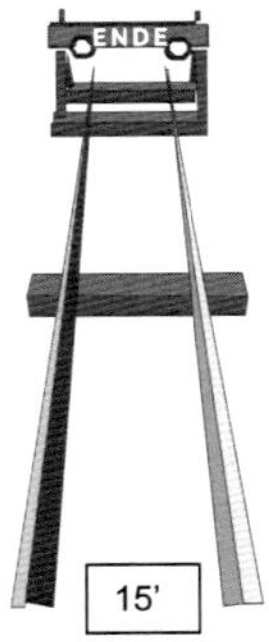
</td>
<td>Wenn möglich, den Stundenverlauf so planen, dass für die Phasen der ›Ergebnissicherung‹ und des ›Transfers‹ am Stundenende noch rund 15 Minuten zur Verfügung stehen. (Wer mit dem Bonbonmodell arbeitet, hätte dann rund 8–10 Minuten Zeit für die Hinführung/Problemstellung, weitere 8–10 Minuten für eine kurze Phase der intuitiven Problemlösung [in Partnerarbeit] und dann noch rund 10 Minuten für ein klärendes [kontroverses] Unterrichtsgespräch; alternativ dieselbe Zeit für die Analyse eines kurzen Textes in der so genannten Phase der ›kontrollierten‹ Problemlösung.)
Wenn die Planung zeitlich aufgeht, müsste sich in ca. 8–10 Minuten z. B. ein einfach strukturiertes Tafelbild erstellen lassen, und man könnte das so fixierte Ergebnis im Sinne des Transfers noch einmal (kurz) mit Hilfe eines Lehrerimpulses problematisieren bzw. vertiefen. Für das Abschreiben einer schon vorher an der Tafel fixierten Hausaufgabe am besten noch rund 2 Minuten einplanen bzw. in dieser Zeit Arbeitsblätter mit Arbeitsaufträgen verteilen.</td>
</tr>
<tr>
<td>
</td>
<td>Wenn 8–10 Minuten vor Stundenende ›nur‹ unzusammenhängende Zwischenergebnisse vorliegen und abzusehen ist, dass man in den nächsten 5 Minuten zu keinem klaren vorläufigen ›Endergebnis‹ kommt, sollten die Schüler jetzt die bisher gesammelten Zwischenergebnisse in ihr Heft übertragen. Sie haben dann noch ungefähr 5–8 Minuten Zeit, in Partnerarbeit Ideen für ein Strukturschema, eine Definition usw. zu sammeln.
Die geplante Transferphase muss dann komplett in die Hausaufgabe ›verlegt‹ werden.</td>
</tr>
<tr>
<td>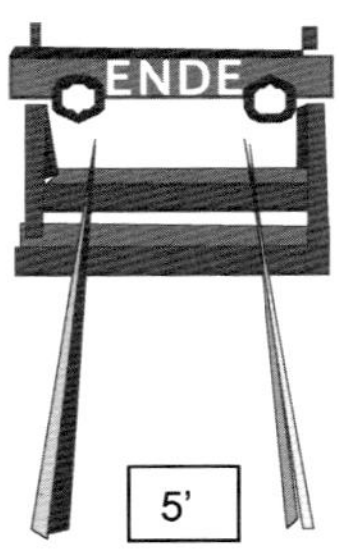
</td>
<td>Falls sich eine Diskussion länger als geplant hingezogen hat bzw. nach der letzten Präsentation nur noch 5 Minuten Zeit bis zum Stundenende bleiben, sollte man die Schüler auffordern, bisher gesammelte Zwischenergebnisse in die Hefte zu übertragen und zu Hause (= Hausaufgabe) zu überlegen, wie sie sich sinnvoll miteinander verbinden (Begriffsnetz/Definition) lassen.</td>
</tr>
<tr>
<td>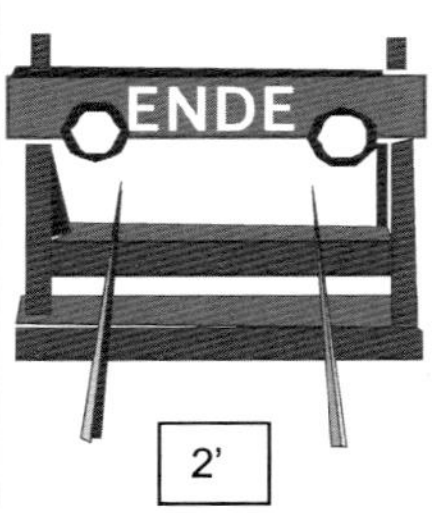
</td>
<td>2 Minuten vor Schluss macht es keinen Sinn mehr, bisher gesammelte Zwischenergebnisse abschreiben zu lassen. Dies muss der Lehrer nach Stundenschluss selbst tun oder mit Hilfe eines Fotos den Stand der Dinge fixieren.
Als sinnvolle Hausaufgabe bietet sich in einem solchen Fall an, zum bisher erreichten Diskussionsstand kurz schriftlich Stellung zu nehmen.</td>
</tr>
</table>

Vorbeugende Maßnahmen gegen Zeitnot

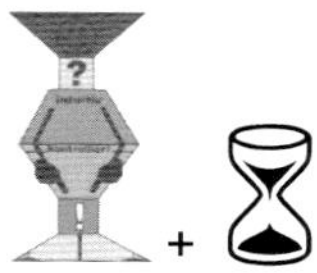	Ein klar phasierter und zeitlich vorgeplanter Stundenverlauf (z. B. nach dem Bonbonmodell) machen einen ›runden‹ Stundenabschluss mit klar formulierten Ergebnissen und Transfer (im Sinne der Effizienzdidaktik) wahrscheinlicher als das ungefähre Drauflosunterrichten.
	Die Hinführungsphase zeitlich nicht überdehnen; bisher genannte Aspekte nicht ausdiskutieren wollen – sie besser als ›interessante und vorläufige Ergebnisse‹ einstufen. In der Sicherungsphase kann man noch einmal auf sie eingehen.
	Für die Phase der ›intuitiven Problemlösung‹, falls sie eingeplant ist, lieber eine kurze Partnerarbeit/Murmelphase vorsehen als eine langwierige und möglicherweise kompliziert zu erklärende Gruppenarbeit! (Gruppenarbeit an sich ist kein Garant für guten Unterricht! Ggf. arbeitsteilige Gruppenarbeit planen!)
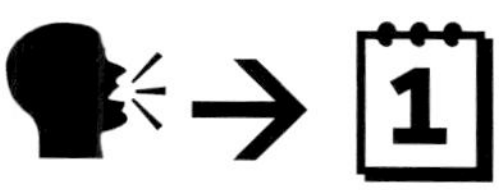	Interessante Schüler-Äußerungen, die zu weit von der aktuellen Themenstellung abweichen, sollte man freundlich und schnell ›zurückstellen‹ bzw. in einer imaginären ›Problemschublade‹ ablegen.
	Falls Schüler (z. B. bei der Gruppenarbeit) in Zeitnot mit der schriftlichen Fixierung von Ergebnissen kommen, sie mündlich vortragen lassen.
	Falls mehrere Gruppen ihre Ergebnisse dem Plenum vorstellen, unbedingt auf einen vorher bekannt gegebenen Zeitrahmen achten – ggf. mit Sanduhr visualisieren.
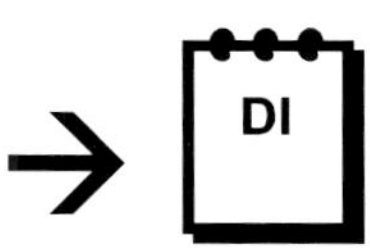	Falls abzusehen ist, dass es aus Zeitgründen nicht möglich sein wird, in der Stunde alle Gruppenarbeitsergebnisse vorzustellen, die Präsentation einzelner Ergebnisse in die nächste Stunde ›auslagern‹ oder zu Hause sichten (und bewerten).
	Schüler sollten ihre (geplanten) Diskussionsbeiträge kurz schriftlich im Heft fixieren. Bereits genannte Aspekte können sie dann auf ihren Stichwortzetteln ausstreichen; in der Stunde nicht genannte Aspekte kann man so in einer späteren Stunde noch einmal zur Sprache bringen lassen.

8.1 Rückblick

Der zum Wahlspruch der Philosophie gewordene Appell des griechischen Lichtgottes Apollon: »Erkenne dich selbst!«[1] soll uns nicht nur die Grenzen menschlichen Wissens vor Augen führen, sondern – im Sinne des bekannten Sprichworts: »Selbsterkenntnis ist der erste Schritt zur Besserung« – auch dazu anleiten, immer wieder unser Handeln zu überprüfen und im dialogischen Miteinander rational und emotional eine Reflexionskompetenz[2] zu entwickeln, die sachlich und sozial unser Denk-Handeln optimiert.
Auf den Unterricht bezogen geht es – modern gesprochen – um die Einladung zum Feedback als Stundenabschluss. Die Schüler können und sollen sich dadurch bewusst werden, was sie im Laufe der Stunde neu dazu gelernt haben bzw. was ihnen schon klar(er) geworden ist, was sie besonders interessiert bzw. beeindruckt hat und welcher Frage bzw. welchem Problem sie noch intensiver nachgehen möchten. Und genau in diesem Sinne sind die folgenden Feedback-Angebote[3] formuliert.
Sie erlauben gegenüber der bekannten Blitzlichtrunde, bei der jeder Schüler mit einem Satz einen markanten Eindruck formuliert,[4] oder dem Ankreuzen auf einer Zielscheibe (Stunde war für mich im Schwarzen – hat mich eher peripher interessiert – war daneben) in kurzer Zeit eine differenzierte Stellungnahme und vermeidet durch ihre inhaltliche Offenheit die möglichen Probleme[5] eines ausgearbeiteten Fragebogens.
Wenn die Fragen anonym beantwortet werden, dürften die Schüler auch kein Problem damit haben, dass der Unterrichtende davon Kenntnis nimmt und die Antworten auswertet, um auf dieser Grundlage den folgenden Unterricht besser an die Bedürfnisse der Lerngruppe anzupassen.

5 Minuten

Einzelarbeit

- Das Feedback-Angebot nimmt jeden einzelnen Schüler als Lerner ernst und leitet ihn zu einem reflektierten Selbstverhältnis an.
- Die Arbeit mit den Feedback-Angeboten lässt sich gut mit dem kontinuierlichen Führen eines philosophischen Lerntagebuchs verbinden.
- Durch den methodisch angeleiteten Rückblick bekommt der Unterrichtende eine Rückmeldung auf alle als positiv erlebten Aspekte seines Unterrichts.

- Nicht jedes Feedback-Angebot muss von jedem Schüler wahrgenommen werden. Die Methode verliert dadurch nicht an Wert.
- Zum Auswerten einer Lernphase kann man auch sehr gut und lebendig mit den genannten ›EmotionCards‹ von METALOG[6] arbeiten. Es handelt sich

dabei um 50 bzw. 100 verschiedene, symbolträchtige Fotografien, die man den Schülern mit der Frage vorlegt: »Welches Bild zeigt (am ehesten) das, was für dich in der heutigen Stunde besonders wichtig war?«

---

1 Er war schon im 5. Jahrhundert v. Chr. auf dem Apollon-Tempel in Delphi zu lesen, wird von Heraklit mit den Worten »Allen Menschen ist es gegeben, sich selbst zu erkennen und klug zu sein« zitiert (Fragmente B 116) und taucht bei Horaz in der Formulierung »Sapere aude!« (Epist. I, 2,40) wieder auf und wird von Kant mit den Worten: »Habe Mut, dich deines eigenen Verstandes zu bedienen!« übersetzt.

2 Vgl. dazu Anita Rösch, Kompetenzorientierung im Philosophie- und Ethikunterricht, Entwicklung eines Kompetenzmodells für die Fächergruppe Philosophie, Praktische Philosophie, Ethik, Werte und Normen, LER, LIT Verlag, Münster 2009, S. 236–244.

3+6 Die hier verwendeten Symbole bietet die Firma www.metalog.de auch als ›Moderationsbälle‹ aus Kunststoff an. Die damit verbundenen Fragen sind unter philosophiedidaktischer Perspektive für dieses Buch neu formuliert.

4 Wenn Schüler hierbei mehrfach mit der Formel »Ich schließe mich meinem Vorredner an« reagieren, relativiert sich die Relevanz der Blitzlicht-Methode durch ihre eigene Anwendung.

5 Etwa: unterschwellige Beeinflussung durch Art der Fragestellung.

Feedback-Angebote

	Dieser Gedanke/Impuls war für mich wie ein Türöffner:
	Mich hat besonders beeindruckt/berührt, …
	Im Brennpunkt/Fokus meiner Überlegungen stand heute die Frage, …
	Mir ist durch die heutige Stunde klar geworden, …
	Gedanklich würde ich gerne dieser Frage intensiver nachgehen:
	Besonders hilfreich war für mich …
	Besonders positiv möchte ich mit Blick auf die heutige Stunde hervorheben, …

Notizen